Guido Maria Dreves

Aurelius Ambrosius - der Vater des Kirchengesanges

eine hymnologische Studie

Verlag
der
Wissenschaften

Guido Maria Dreves

Aurelius Ambrosius - der Vater des Kirchengesanges

eine hymnologische Studie

ISBN/EAN: 9783957007452

Auflage: 1

Erscheinungsjahr: 2016

Erscheinungsort: Norderstedt, Deutschland

Hergestellt in Europa, USA, Kanada, Australien, Japan
Verlag der Wissenschaften in Hansebooks GmbH, Norderstedt

Aurelius Ambrosius,

„der Vater des Kirchengesanges".

Eine hymnologische Studie.

Von

Guido Maria Dreves S. J.

(Ergänzungshefte zu den „Stimmen aus Maria-Laach". — 58.)

Mit einem Lichtdruck.

———

Freiburg im Breisgau.
Herder'sche Verlagshandlung.
1893.
Zweigniederlassungen in Straßburg, München und St. Louis, Mo.
Wien I, Wollzeile 33: B. Herder, Verlag.

Vorwort.

Das Studium der lateinischen Hymnen hat mit einer eigenartigen Schwierigkeit zu kämpfen. Dieselben treten uns nämlich fast ausschließlich in liturgischen Monumenten entgegen; diese aber haben es im Abendlande zu keiner Zeit als ihre Aufgabe betrachtet, die Namen der Hymnendichter auf die Nachwelt zu vererben. So steht der Forscher einer unabsehbaren Menge von Hymnen gegenüber, aus der nur selten, dank irgend einer zufälligen Bemerkung eines Chronisten oder anderer Schriftsteller, ein Lied diesem, ein anderes jenem Autor zuweisbar wird. Sobald ein Autor Hymnen schreibt, nicht für den liturgischen Gebrauch, sondern zu seiner und seiner Leser literarischen Befriedigung, wird sein Schicksal ein anderes. Seine Lieder werden alsdann als ein literarisches Ganze vererbt, ohne sich in der großen Masse der Liturgica zu verlieren. Man denke an Prudentius auf der einen und etwa Gregor d. Gr. auf der andern Seite. Aus dieser Menge ohne Namen und Stammbaum die Hymnen einzelner Autoren ausfindig machen, ist eine schwierige, nur in seltenen Fällen zu lösende Aufgabe. Im Vorliegenden ist dieser Versuch rücksichtlich eines der wichtigsten Autoren erneuert, für den glücklicherweise mehr feste Ausgangspunkte als für manche andere geboten sind; vergleichshalber seien nur Gelasius und Gregor d. Gr. erwähnt. Der Verfasser ist der Hoffnung, daß sorgfältige Nachprüfung seiner Gründe den gewonnenen Resultaten beipflichten dürfte, sofern nur ein Umstand nicht außer Acht gelassen wird, auf den er glaubt ausdrücklich hinweisen zu sollen.

Nicht jedes einzelne Beweismoment, das im Verlaufe der Untersuchung herangezogen wird, will und kann, für sich allein betrachtet, ein vollständiges und unabhängiges Argument sein. Die Abhandlung hat in dieser Hinsicht Aehnlichkeit mit einem Plaidoyer. Jedes verlorene Detail für sich vermag vielleicht die Wage der Themis nicht zu neigen; alle Umstände vereint, können, glaube ich, dies nicht verfehlen, wenigstens für den, der sich mit Ambrosius' Denk- und Redeweise vertraut gemacht hat. Eine solche Vertrautheit ist allerdings bis zu einem gewissen Grade in einer Sache unerläßlich, in der die moralische Abschätzung eine so gewichtige Rolle spielt. Meine Ansicht — diese hier auch rücksichtlich des Grades der Bestimmtheit nochmals zu präcisiren — geht dahin, daß wir 14 Hymnentexte mit moralischer Gewißheit als von Ambrosius herrührend ansehen können, drei andere mit größerer, einen letzten mit geringerer Wahrscheinlichkeit [1].

Rücksichtlich der Melodien glaube ich, daß dieselben mindestens mit größter Wahrscheinlichkeit Ambrosius zugeschrieben werden können; da sie aber im Laufe der Jahrhunderte ihren Rhythmus verloren und kleinere

---

[1] Die wichtigern für unsere Frage in Betracht kommenden Werke sind die folgenden: **Bähr**, Die christlichen Dichter und Geschichtschreiber Roms (2. Aufl., Karlsruhe 1872), S. 57 ff. — *Ballerini*, Sancti Ambrosii, Mediolanensis episcopi, ecclesiae patris ac doctoris, opera omnia, vol. I—VI (Mediolani 1875—1883). — *Baunard*, Histoire de Saint Ambroise (Paris 1872); deutsch von **Bittl** (Freiburg i. Br. 1873). — *Biraghi*, Inni sinceri e carmi di Sant' Ambrogio (Milano 1862). — *Daniel*, Thesaurus Hymnologicus I (Halis 1855), 12 sqq. — **Ebert**, Allgemeine Geschichte der Literatur des Mittelalters I (2. Aufl., Leipzig 1889), 143 ff. — **Förster**, Ambrosius, Bischof von Mailand (Halle 1884). — **Hartl**, Magni Felicis Ennodii Opera omnia (Corp. Script. eccl. VI. [Vindobonae 1882]). — **Huemer**, Untersuchungen über den jambischen Dimeter bei den christlich-lateinischen Hymnendichtern der vorkarolingischen Zeit (Wien 1876). — *Ihm*, Studia Ambrosiana, Jahrbücher für klassische Philologie, XVII. Supplementband (Leipzig 1890), 1—124. — **Kayser**, Beiträge zur Geschichte und Erklärung der ältesten Kirchenhymnen I (2. Aufl., Paderborn 1881). — **Manitius**, Geschichte der christlich-lateinischen Poesie (Stuttgart 1891), S. 133 ff. — **Mone**, Lateinische Hymnen des Mittelalters I—III (Freiburg 1853—1855). — *Thierfelder*, De christianorum psalmis et hymnis usque ad Ambrosii tempora (Lipsiae 1868). Kleinere oder encyklopädische Werke, die nur an einzelnen Stellen unsern Gegenstand berühren, sind im Verlaufe angeführt.

melodische Ausschmückungen erfahren haben, kann natürlich die Reconstruction der Urform nicht den Anspruch erheben, mit jeder Note das Ursprüngliche getroffen zu haben. Dazu müßten wir über die Musik des vierten christlichen Jahrhunderts ganz anders unterrichtet sein.

Da Biraghis Ausgabe in wenig Händen ist, glaubte ich dem Leser einen Dienst zu erweisen, wenn ich die Hymnen des Ambrosius in seiner Recension anhangsweise dieser Schrift beigebe. Seine Ausgabe ist insofern mustergiltig, als sich ein besserer Text nicht leicht wird liefern lassen, nur an sehr wenigen Stellen eine andere Lesart überhaupt in Frage kommen kann. Den Texten habe ich die Singweisen nach meiner Reconstruction beigegeben. Da der Codex Vatic. Reg. 11 nicht bloß die älteste Handschrift ist, welche Hymnen des Ambrosius enthält, sondern überhaupt als das älteste Hymnar der lateinischen Kirche zu gelten hat, das auf uns gekommen ist, so dürfte die in originaler Größe beigefügte Schriftprobe dieses interessanten liturgischen Monumentes dem sachkundigen Leser willkommen sein.

Noch benutze ich diese Stelle, um vor allem dem hochw. Herrn A. M. Ceriani meinen Dank für die Liebenswürdigkeit zu bezeigen, mit der er mir die Arbeit in seiner herrlichen Bücherei nicht bloß erleichtert, sondern in eine anregende Erholung verwandelt hat. Gleicher Dank den Archiv- und Bibliotheksvorständen des erlauchten fürstlichen Hauses Trivulzi, der Kapitel von Mailand, Monza und der Basilica Ambrosiana.

Der Verfasser.

Inhalt.

	Seite
Vorwort	III
Einleitung	1

I. Die Hymnen des heiligen Ambrosius.

1. Wo haben wir die echten Hymnen des Ambrosius zu suchen? . . 14
2. Welche Hymnen sind durch historisches Zeugniß als von Ambrosius herrührend beglaubigt? 27
3. Welches sind die metrischen und stilistischen Eigenthümlichkeiten des Dichters Ambrosius? 43
4. Welches sind die echten Kinder der Muse des Ambrosius? . . 54

II. Die Weisen des heiligen Ambrosius.

1. Wie haben wir uns eine von Ambrosius erfundene Melodie zu denken? 88
2. Welches sind die von Ambrosius erfundenen Singweisen? . . . 107

Anhang	129
Register	143

Einleitung.

Wir besitzen das ausdrückliche, nicht zu beanstandende Zeugniß des christlichen Alterthums dafür, daß nicht Ambrosius, sondern Hilarius von Poitiers der erste Hymnendichter der lateinischen Kirche war [1]. Und doch ist nicht der hl. Hilarius, sondern der hl. Ambrosius der Vater des lateinischen und mittelbar auch des deutschen Kirchengesanges geworden. Denn während das Saatkorn des gallischen Dichters auf steinigen Boden, fiel das Wort des Ambrosius auf ein dankbares Erdreich; während jener nach dem Zeugnisse des hl. Hieronymus sein Volk ungelehrig und zum Volksgesange wenig tauglich schilt [2], hat Ambrosius nicht genug des Lobes für den Eifer, mit dem das mailändische Volk seine Lieder aufnahm. Die größern Hymnenfragmente des Hilarius, die erst unlängst wieder aufgefunden worden [3], legen übrigens die Vermuthung nahe, daß von einer gewissen Mitschuld an dem Fehlschlagen seiner Absichten auch der Dichter nicht ganz freizusprechen, da seine umfangreichen, nach Inhalt und Form wenig gelenken Lieder kaum geeignet sein konnten, rasch und tief im Volke Wurzel zu schlagen. Anders die Hymnen des Ambrosius, denen Mit- und Nachwelt gleiche Bewunderung gezollt hat.

Mit Recht bemerkt Ebert: „Eine ganz andere und weit größere literar-historische Wirkung [als Ambrosius' Prosa] hat dagegen seine Dichtung gehabt, seine Hymnen, mit denen nicht bloß die christliche Lyrik,

---

[1] Hilarius autem Gallus, episcopus Pictaviensis, eloquentia conspicuus, hymnorum carmine floruit primus. *Isidor.*, De offic. eccles. I, 6; sein Zeugniß ruht ersichtlich auf *Hieron.*, De viris illustr. 109.

[2] *Hieron.* l. c.

[3] *J. F. Gamurrini*, S. Hilarii tractatus de Mysteriis et Hymni et S. Silviae Aquitanae Peregrinatio ad loca sancta, Romae 1887. Die Art und Weise, wie Ebert (Geschichte der christlich-lateinischen Literatur I [2. Aufl.], 142) in langer Fußnote diese Hymnen abweist, ist wahrhaftig wenig überzeugend.

sondern eine christlich specifische Poesie überhaupt im Abendlande erst wahrhaft erfolgreich anhebt, so daß man von ihnen auch den Beginn der modernen Dichtung datiren könnte. Diese Hymnen erscheinen als die reifste Frucht jenes Processes der Assimilation der antiken formalen Bildung von seiten des Christenthums. Hier entfaltet der Genius desselben zuerst frei die Schwingen zu einem durchaus originellen Aufflug in das Reich der Phantasie; diese Lyrik ist auf einem andern Boden als die heidnische erwachsen, wenn sie sich auch zunächst noch in die Formen derselben kleidet, die sie sich aber wie ein eigenes Gewand anzupassen weiß. Hier ist im Gegensatz zu den Anfängen der christlichen Ethik eine freie schöpferische Thätigkeit, die auch die Kunstform beherrscht, statt ihrem Einfluß zu unterliegen." [1] Ganz ähnlich lautet das Urtheil, das der treffliche Bähr über den Dichter Ambrosius fällt. „Was nun den innern Werth und Charakter dieser Hymnen betrifft," so schreibt er, „soweit sie als wirkliche Producte des Ambrosius gelten können, so gehören sie unstreitig zu dem Besten, was die christliche Lyrik überhaupt aufzuweisen hat, und geben diesem großen Kirchenlehrer auch als Dichter eine hervorragende Stellung, selbst im Vergleich zu andern spätern Dichtern Roms, z. B. einem Ausonius oder Claudianus. Sein Hauptverdienst liegt in der Art und Weise, wie er, durchdrungen von der christlichen Heilslehre, diese erfaßt und in ihren Hauptwahrheiten von der Geburt und Fleischwerdung Christi, von seinem Leben und Tod, wie von seiner Auferstehung, von der Dreieinigkeit u. s. w. dargestellt hat, selbst mit Bezug auf arianische und andere Irrlehren seiner Zeit. Es zeichnen sich diese Hymnen nicht minder durch die einfache natürliche Sprache, die noch ganz das Colorit des Altrömischen trägt, als durch den Inhalt aus, der, frei von allen unlautern, der reinen Lehre des Evangeliums fremdartigen Vorstellungen, uns diese Lieder als den Erguß eines frommen, zu Gott gerichteten und von der beseligenden Lehre des Evangeliums durchdrungenen Gemüthes betrachten läßt; dabei herrscht in ihnen eine Tiefe und eine Innigkeit, die es uns wohl erklärt, wie Ambrosius Muster und Vorbild des Kirchenliedes für die spätere Zeit werden konnte." [2]

Ich kann mir nicht versagen, als drittes das stets geistvolle, stets bezeichnende Urtheil von Richard Chenevix Trench anzufügen, allerdings nicht ohne zu bemerken, daß selbes durch einige Lieder mitbeeinflußt

---

[1] A. a. O. S. 172.
[2] Die christlichen Dichter und Geschichtschreiber Roms (2. Aufl., Karlsruhe 1872), 61.

sein möchte, welche eine gesunde Kritik Ambrosius abzusprechen genöthigt ist. Er schreibt: „Ist man gewöhnt an die weichern und reichern Accente der spätern christlichen Dichter, an den verzierten Stil eines Bernhard oder Adam von St. Victor, an jenes liebende Sich-selbst-versenken in die großen Geheimnisse seiner Betrachtung, welches den ersten der beiden großen Sänger des Kreuzes kennzeichnet[1]; an diese wechselvolle Fülle von Harmonie, diese blendende Schaustellung theologischen Wissens, das dem andern eigen ist — dann bedarf es seiner Zeit, ehe es dem Geiste gelingen will, mit innerem Beifall und voller Befriedigung zu der fast nackten Schmucklosigkeit zurückzukehren, welche die Hymnen des Ambrosius kennzeichnet. Man hat das Gefühl, als begegne man in ihnen einer gewissen Kälte, mit welcher der Dichter mehr über seinem Gegenstande schwebt, statt mit ihm zu verschmelzen. Auch das Fehlen des Reimes, für welchen ein schlechter Ersatz in dem ständigen Wiederkehren eines Metrums liegt, das gewiß nicht zu den reichern Formen der lateinischen Lyrik zählt und bei dem für angenehme Brechung oder wechselnden Schluß der Zeilen so gut wie nicht gesorgt ist, — das Fehlen des Reimes, sage ich, vermehrt noch unsere Mißstimmung, so daß Ohr und Herz sich gleicherweise unbefriedigt fühlen möchten." So weit hat Trench, wie mir scheint, glücklich das Sträuben des germanischen Wesens gegen die altrömische Weise ausgedrückt. Er fährt fort: „Allmählich indes lernt man die Größe dieses schmucklosen Metrums fühlen und die tiefe Weisheit des Dichters bewundern, der, wenn auch vielleicht mehr instinctiv denn bewußt, dasselbe gewählt hat. Allmählich gewinnt man das richtige Verständniß für das unbegrenzte Vertrauen in die erhabene Größe seines Vorwurfes, welches den Dichter mit Zurückweisung jedes andern das einfachste und durchsichtigste Gewand des Gedankens wählen läßt. Es ist, als hätte ihm, indem er dem lebendigen Gotte einen Altar errichtet, das Gebot des Leviticus vorgeschwebt, ihn zu errichten aus unbehauenen Steinen, die niemals die Schärfe des Meißels berührt hat. Die großen Geheimnisse des Glaubens sind in seinen Augen auch in dem schmucklosesten Ausdrucke so mächtig, die tiefsten Gefühle der Seele zu wecken, daß jeder Versuch, sie auszustaffiren, sie in bewegliche Worte zu kleiden, ihm als ein höchst überflüssiges Bemühen erscheinen muß. Die Gluth der Leidenschaften ist da, aber verborgen und wie zugedeckt, ein Feuer, das im Innern und nach

---

[1] Bernhard von Clairvaux kann nach den neuern Forschungen, namentlich Haureaus, nicht mehr als Verfasser jener Dichtungen angesehen werden, welche Trench hier offenbar im Auge hat.

innen brennt, die Flamme einer männlichen, ruhig=ernsten Begeisterung. Auch dürfen wir nicht übersehen, wie sehr diese Lieder der Zeit, den Um= ständen ihres Entstehens angepaßt sind, einen wie bezeichnenden Ausdruck der Glaube, der im Kampfe lag mit der Welt und im Begriffe war zu siegen über deren Mächte, in Hymnen fand wie diese, Hymnen, in denen nichts Weichliches, in denen vielleicht wenig Zartes zu finden, aber statt dessen eine felsenhafte Stärke, der alte römische Stoicismus, um= gewandelt und verklärt zu jenem eblern christlichen Heldenthume, das die Welt herausforderte und die Welt besiegte." [1]

Verfehlen aber die Hymnen des Ambrosius ihre Wirkung auch heute nicht auf uns Spätgeborne, die wir so völlig anders zu denken, zu fühlen, uns auszudrücken gewohnt sind, welche Musik müssen sie in römischen Ohren gewesen sein, mit welcher Macht römische Herzen er= griffen haben! Auf das mailändische Volk war der Eindruck so groß, die Begeisterung, welche sie weckten, so gewaltig, daß seine arianischen Widersacher, wie Ambrosius selbst in seiner Predigt gegen Auxentius be= richtet, ihnen eine Art magischer Zauberkraft zuschrieben [2]. Was Wunder, wenn diese bestrickenden Lieder schon im Todesjahre des Ambrosius so= zusagen die Welt erobert hatten! [3] Größer noch mußte die Wirkung auf Gebildete sein. Noch im späten Alter erinnerte sich Augustin des unauslöschlichen Eindrucks, den auf ihn, damals noch den feingebildeten Schöngeist, das jugendlich leichtsinnige Weltkind, diese Lieder gemacht, der seligen Gefühle, die sie in seiner Seele geweckt, der süßen Thränen, die sie mit sanfter Gewalt seinen Augen entpreßt hatten [4]. Wenn bitteres Leid seine Seele umklammert, wenn die Wunde nicht vernarben will, die der Tod einer süßen Mutter seinem Herzen geschlagen, dann sind der Balsam, das heilende Oel, das er in die Seelenwunde träufeln läßt, Worte aus dem Sängermunde des Ambrosius [5]. Was Augustin von sich,

---

[1] Sacred Latin Poetry (3rd ed., London 1874), 87 f.
[2] Sermo contra Auxentium, n. 34. Ballerini Opp. V, col. 153 sq.
[3] Cfr. Confess. IX, 7, 15: Tunc hymni et psalmi ut canerentur ... in- stitutum est et ex illo in hodiernum retentum, multis iam ac *pene omnibus* gregibus tuis et per cetera orbis imitantibus. So schrieb Augustin ungefähr in seinem 43. Lebensjahre, also in oder um das Todesjahr des Ambrosius.
[4] Quantum flevi in hymnis et canticis tuis, suave sonantis ecclesiae tuae vocibus commotus acriter! Voces illae influebant auribus meis, et eliquabatur veritas in cor meum, et exaestuabat inde affectus pietatis, et currebant lacrimae, et bene mihi erat cum eis. Confess. IX, 6, 14.
[5] Cfr. Confess. IX, 12, 32.

was er von seiner Mutter erzählt, daß sie in der Unterhaltung bei gegebenem Anlasse Verse und Strophen des Ambrosius aus dem Stegreife zu recitiren, ja, wie es scheinen möchte, zu singen wußte, beweist, daß sie Wort und Weise wie einen köstlichen Schatz in ihrem Gedächtnisse geborgen hatte[1]. Ennodius, Diakon der mailändischen Kirche und später Bischof von Pavia, selbst Dichter, ließ sich durch die Hymnen des Ambrosius anregen, sich auch in dieser Dichtungsart zu versuchen, ein Entschluß, den er Carm. I, 6, 39 in den Worten ausspricht:

Cantem, quae solitus, dum plebem pasceret ore,
Ambrosius vates carmina pulchra loqui.

Ein anderer Dichter, Arator, berichtet, daß die Hymnen des Ambrosius zu den Werken zählten, welche sein Lehrer Parthenius ihm behufs seiner klassischen Bildung in die Hand gab; was er in ihnen fand, bezeugt der Umstand, daß er kein Bedenken trägt, in dem bekannten Bienenwunder der Legende ein Vorzeichen gerade dieser dichterischen Thätigkeit des großen Mannes zu erkennen:

Qualis in Hyblaeis Ambrosius eminet hymnis,
Quos posito cunis significastis, apes[2].

Und so sehen wir noch Cassiodorius, den letzten Römer, in der Zurückgezogenheit seines Alters sich der Hymnen des Ambrosius erfreuen; ein lactei sermonis emanator ist er ihm, und seine Hymnen ein Werk, das menschliches Genie übersteige: quae supra humanum ingenium vir sanctus excoluit[3].

Wie ist es möglich, daß es bei solcher Vorliebe für die Schöpfungen des großen Mailänders so schnell in Vergessenheit gerathen konnte, welche Hymnen mit Recht, welche zu Unrecht seinen Namen tragen, welches die echten, welches die unterschobenen Kinder seiner Muse seien? Gewahren wir doch, daß schon Cassiodorius sich hierüber Täuschungen hingab, und daß bereits Walafried Strabo zu der Erkenntniß gelangte, es könne nicht alles als wirklich von Ambrosius herrührend angesehen werden, was damals unter seinem Namen umgeboten wurde[4]. Die Erklärung ist nicht gerade schwierig. Die Hymnen des Ambrosius waren für die Liturgie

---

[1] De vita beata, n. 35.   [2] Epist. ad Parthenium, v. 45 sq.
[3] Exposit. in Ps. 8 (*Migne* LXX, 79).
[4] Impossibile enim videtur, illum tales aliquos fecisse, quales multi inveniuntur, i. e. qui insolitam Ambrosio in ipsis dictionibus rusticitatem demonstrant. De eccl. rerum exordiis, c. 25. *Migne* CXIV, 955.

geschrieben und gingen in der Liturgie unter. Sie wurden zunächst dem mailändischen Ritus, bald auch, wie wir sahen, den Liturgien anderer Kirchen eingefügt. Ihr Erfolg weckte die Nachahmung, man schuf weitere Hymnen, von denen man sich um so mehr Anklang versprach, je ähnlicher sie denen des Ambrosius waren. Man behielt also sein Versmaß, seine Strophenzahl bei und suchte wohl auch in Auffassung und Ausdruck dem Muster so nahe zu kommen, als es die schwächern Kräfte gestatteten. Ja wie man nach den Namen alter Dichter ein sapphisches, alcäisches, anakreontisches Versmaß benannte, so ward nun der jambische Dimeter das ambrosianische, ein in demselben abgefaßter Hymnus schlechtweg ein hymnus Ambrosianus genannt [1], eine Benennung, welche die herrschende Unsicherheit bis zur Verwirrung steigern mußte. So wird in der Regel des hl. Benedikt das Wort gebraucht [2], und in dem Buche von den Wundern des hl. Richarius wird es sogar dem Hymnus Te decet laus beigelegt, obschon derselbe völlig ametrisch ist [3]; es ist also schließlich ein Synonymum für Hymnus schlechthin geworden.

---

[1] Inde hymni ex eius nomine Ambrosiani vocantur. *Isidor.*, De offic. eccles. I, 6.

[2] Benedikt braucht in seiner Regel (cc. I. 11. 12. 17) bald das Wort Hymnus, bald das Wort Ambrosianus oder Ambrosianum, ob als Synonyma oder nicht, ist aus dem Texte nicht erkenntlich, da er keine Hymnenanfänge mittheilt. Nach dem vorcitirten Worte Isidors ist indes ersteres anzunehmen, ebenso nach der gleich zu erwähnenden Stelle der Miracula S. Richarii, die sich ausdrücklich auf die Regel (und zwar c. 11) bezieht. Auch Walafried Strabo erklärt ihn so: S. Benedictus hymnos Ambrosianos nominans vel illos vult intelligi, quos confecit Ambrosius vel alios ad imitationem Ambrosianorum compositos. L. c. *Migne* CXIV, 954. Anders die Erklärung der Regel Benedikts von Hildemar, die aus dem 8. Jahrhundert herrührt: Ambrosianus duobus modis potest intelligi, i. e. intelligi potest ambrosianus, i. e. divinus et subaudiendum est hymnus, quia ambrosiane divine intelligitur. Nam est quaedam herba, quae vocatur ambrosia, quam pagani in honore deorum suorum habebant, et inde derivatur ambrosianus, i. e. divinus. Altero vero modo intelligitur Ambrosianus, i. e. ab Ambrosio expositus et similiter subaudiendum est hymnus. Vita et regula s. P. Benedicti III (Ratisb. 1880), 296. — Nach dem Gesagten ist Daniel V, 16 in der Note wohl im Irrthum. Nicht als ob das Wort Ambrosianus niemals mehr im Sinne „von Ambrosius verfaßt" gebraucht werden könne, sondern weil Benedikt allgemein so verstanden worden ist, wie aus Isidors und Walafrieds Worten hervorgeht.

[3] Et cum ex more institutionis praeclarae S. Benedicti regulae sacra lectio evangelii calcetenus perduceretur, et vox una omnium adstantium respondisset Amen, et sacerdos hymnum adiungeret Ambrosianum: Te decet laus, te decet hymnus, ille [contractus] prorupit ingenti clamore in vocem. Miracula S. Richarii auctore monacho Centulensi (saec. IX.), Acta Sanctor. April. III, 453.

War es schon zu Walafrieds Zeiten schwierig, die echten und un‑
echten Hymnen des Ambrosius zu scheiden, so kann es nicht wunder
nehmen, wenn diese Schwierigkeit mit den Zeiten wuchs und die Ver‑
wirrung sich mehrte. Sehen wir ab von den Hymnensammlungen eines
Clichtovaus, Cassander, Georg Fabricius u. a., in denen bald mehr bald
weniger Hymnen mit dem Namen des Ambrosius auftreten, und richten
wir unsere Aufmerksamkeit auf die Herausgeber, welche diese Hymnen als
ein geschlossenes Ganze mittheilen, so ist als der erste [1] Johannes Gillot zu
nennen, der in einem Anhange zu seiner Ausgabe der Werke des Ambrosius,
die 1568 zu Paris erschien, diesem sechzehn Hymnen zuwies. Die bald
darauf (1585) zu Rom gedruckte Ausgabe fügte diesen weitere achtzehn
hinzu, eine Zahl, die von den nachfolgenden Pariser Editionen noch ver‑
mehrt wurde. Neue Verwirrung brachte der gelehrte Cardinal Thomasius,
der 1685 eine mehreren vaticanischen Handschriften (vor allem Reg. 11
und Vat. 82) entnommene Hymnensammlung herausgab und ohne weiteres
sämtliche in Vatican. Reg. 11 enthaltenen Hymnen Ambrosius beilegte [2].
Reinere Bahn und einen ersten kritischen Versuch machten die Mauriner in
ihrer 1690 zu Paris erschienenen Gesamtausgabe der Werke des Heiligen.
Sie wollten keinen Hymnus als von Ambrosius herrührend gelten lassen, der
nicht durch einen verlässigen Zeugen (locupletis alicuius testis aucto‑
ritate) beglaubigt sei. Als verlässige Zeugen wurden zugelassen: Augustin,
Papst Cölestin, Cassiodorius, Beda, Ildephons und Hinkmar, letzterer
indes nicht ohne gewisse Einschränkungen. Mittelst dieser sechs Zeugen
kamen die Mauriner auf zwölf Hymnen, die sie als echt angesehen wissen
wollten. Es sind die folgenden:

---

[1] Doch hatte den Maurinern zufolge schon Dionysius Carthusianus eine Liste
der echten Hymnen des Ambrosius aufgestellt, die indes ohne andere kritische Hilfs‑
mittel als die eigene Divinationsgabe angefertigt war.

[2] Die Hymnen finden sich in der römischen Gesamtausgabe seiner Werke von
1747 im zweiten Bande p. 351—434. Ein Irrthum ist es, zu meinen, Cod. Reg. 11,
das älteste bekannte Hymnar, schreibe irgend einen Hymnus einem bestimmten Autor
zu. Und doch ist Thomasius vielfach so verstanden worden. So von Ballerini
(Opp. VI, 858, not. 3): In cod. Christinae reginae Sueciae *cum Ambrosii
nomen gerat*, B. Cardinalis Thomasius Ambrosianis accensuit. So Mone (I, 223):
„Der Hymnus wird in zwei alten Handschriften bei Thomasi mit Recht dem hl. Am‑
brosius zugeschrieben." Leider ist nichts davon wahr; auch Vatican. Pontida hat
keine Namen. Der Irrthum ist wiederholt bei Daniel (IV, 17) und neuerdings in
Feßlers Institutiones Patrologiae, ed. B. Jungmann (Oeniponte 1890), 691:
Ex multis [hymnis], qui circumferuntur, Card. Thomasius ultra quinquaginta
revera S. Ambrosio *ex fide antiquorum Mss. Biblioth. Vaticanae* tribuendos
esse censuit.

1. Aeterne rerum conditor.	} Auguftin.
2. Deus creator omnium	
3. Iam surgit hora tertia	
4. Veni redemptor gentium	Cöleftin.
5. Illuminans altissimus.	} Caffiodor.
6. Orabo mente Dominum.	
7. Splendor paternae gloriae	} Beda.
8. Aeterna Christi munera.	
9. Somno refectis artubus	} Hinkmar.
10. Consors paterni luminis.	
11. O lux beata trinitas.	
12. Fit porta Christi pervia.	Ildephons.

Die Lifte ift ungenügend nach beiden Richtungen, fie fündigt gleich=
mäßig per excessum und per defectum.

Es folgt die Ausgabe der Ambrofianifchen Hymnen von Luigi Biraghi,
in jeder Hinficht die befte und gründlichfte Arbeit über unfern Gegen=
ftand. Biraghi ftellt nicht einen kritifchen Canon auf wie die Mauriner,
um die echten von den unechten Hymnen zu fcheiden, fondern drei: 1. die
Uebereinftimmung des Hymnus mit der Denk= und Schreibweife des Am=
brofius; 2. den alten Gebrauch desfelben in der mailändifchen Kirche;
3. das Zeugniß zeitlich naheftehender Schriftfteller. Die Anwendung
diefer Canones läßt Biraghi 18 Hymnen als von Ambrofius herrührend
annehmen:

1. Intende qui regis Israel.
2. Illuminans altissimus.
3. Hic est dies verus Dei.
4. Agnes beatae virginis.
5. Victor Nabor Felix pii.
6. Grates tibi, Iesu, novas.
7. Apostolorum passio.
8. Apostolorum supparem.
9. Amore Christi nobilis.
10. Aeterna Christi munera.
11. Aeterne rerum conditor.
12. Splendor paternae gloriae.
13. Iam surgit hora tertia.
14. Nunc sancte nobis spiritus.

15. Rector potens verax Deus.
16. Rerum Deus tenax vigor.
17. Deus creator omnium.
18. Iesu corona virginum.

Wir werden sofort in eine Nachprüfung der von Biraghi aufgestellten Canones sowie seines Resultates eintreten. Dieselbe wird den ganzen Gegenstand des ersten Theiles dieser Arbeit bilden. Bevor wir damit beginnen, sei noch die letzte Ausgabe der Hymnen des Ambrosius erwähnt. Sie befindet sich in der von P. A. Ballerini besorgten Mailänder Ausgabe der Werke des Ambrosius, und zwar im fünften Bande (Mailand 1881), col. 653—690. Dieselbe enthält sowohl die Hymnen der Mauriner als diejenigen Biraghis in folgende drei Gruppen geschieden: 1. Hymni communi assensione Ambrosiani habiti, ein höchst unglücklicher Ausdruck, da eine communis assensio im gewöhnlichen Sinne für diese Hymnen (1. 7. 3. 2. 4. 5. 8 der Mauriner) nicht besteht, das Wort also hier nur heißen kann: sowohl von den Maurinern als von Biraghi anerkannt. 2. Hymni a Biraghi Ambrosio vindicati, sed iam a Maurinis repudiati, ein noch viel unglücklicherer Ausdruck, demzufolge man meinen sollte und müßte, die Benediktiner hätten schon im voraus die Gründe geprüft, zu leicht befunden und widerlegt, auf welche hin Biraghi diese Hymnen (es sind die Nummern 3. 14. 15. 16. 4. 5. 6. 7. 8. 9. 18 seiner Ausgabe) dem Heiligen zugeschrieben, eine Insinuirung, die so unrichtig ist, als nur immer etwas sein kann. Ferner sollte jeder, der diese Worte sieht, meinen, Ballerini wolle mit den Maurinern gegen Biraghi diese Hymnen zurückweisen. Neue Täuschung; wenigstens muß, wer die Vorrede zu dieser Hymnenedition liest, zu der gerade entgegengesetzten Meinung kommen, da dieselbe Biraghi in allem beipflichtet[1]. 3. Hymni a Maurinis editi una cum certe Ambrosianis, sed non sufficienti probabilitate Ambrosio tributi. Es sind dies die Hymnen 6. 9. 10. 11. 12 der Mauriner, die allerdings mit vollem Rechte abgelehnt werden. Ballerinis Ausgabe bietet somit, was die Hymnen des Ambrosius angeht, wenig Neues. Sie reproducirt die Mauriner, sie reproducirt Biraghi.

---

[1] So z. B. bezüglich Hymnus 5 und 6: Nemo itaque qui et historicas circumstantias et vetustissimum Mediolanensis ecclesiae liturgicum usum et interiorem indolem utriusque hymni *Victor Nabor Felix pii* et *Grates, Iesu, tibi novas* perspecta habuerit, infitias ibit, eos quoque revera Ambrosium auctorem habuisse. L. c. 661. 662.

Wie hat sich die Kritik zu den Resultaten des letztern gestellt? Haben seine Ergebnisse den Beifall der gelehrten Welt gefunden, haben sie die herrschende Unsicherheit zu heben, die abweichenden Meinungen zu beseitigen vermocht, oder sind sie als ungenügend und unbewiesen abgelehnt, widerlegt worden? Zu dem einen wie zu dem andern wäre von nöthen gewesen, daß man von den Ausführungen Biraghis Notiz genommen; gerade dies aber — habent sua fata libelli — ist so gut wie gar nicht geschehen. Der Beifall, der Biraghi in Gelehrtenkreisen seiner Heimat zu theil geworden, hat seinen Weg zu uns herüber nicht gefunden. Wir haben, um uns zu überzeugen, nur die Werke einzusehen, die nach Biraghi dieselbe Frage wie er erörtert haben. Während es oft heiter genug anmuthet, wenn man sieht, mit welch tragischem Ernste, um nicht zu sagen, mit welcher Selbstzufriedenheit unsere gelehrten oder doch fleißigen Kritiker einem armen zerknirschten Autor eine „übersehene Vorarbeit" nachtragen, und wäre es die nichtssagendste Doctordissertation oder das versprengteste Gymnasialprogramm, ist eine so beachtenswerthe Arbeit wie die Biraghis den meisten seiner Nachfolger nicht bekannt geworden. Wenn wir Bähr und etwa noch Huemer genannt haben, werden wir uns wohl vergeblich nach einer weitern Ausnahme von der Regel umsehen. Es ist das um so mehr zu verwundern, als doch hie und da Stimmen laut wurden, die auf den Verschollenen aufmerksam machten; so z. B. Herzogs Realencyklopädie (I, 335), wo wir lesen: „Am besten hat die Frage behandelt: Biraghi, Inni sinceri e carmi di S. Ambrogio, Milano 1862."

Von einem so sorgfältigen Sammler wie Bähr war vorauszusehen, daß er ein solches Werk nicht unberücksichtigt lassen würde. Er kennt es in der That, aber er hat sich offenbar kein klares Urtheil über Tragweite und Tragfähigkeit der Beweise und Schlüsse Biraghis gebildet. Zwar lautet es ziemlich günstig, wenn wir S. 60 f. lesen: „Nicht anders [als mit Grimms Hymnensammlung][1] verhält es sich mit einer unlängst von Biraghi herausgegebenen Sammlung von 18 Hymnen, welche von demselben nach Inhalt und Fassung wie nach Sprache und Ausdruck, dann auch infolge ihres nachweislich frühen Gebrauchs und hohen Alters für echte Werke des Ambrosius angesehen werden; nur sechs [lies sieben] derselben befinden sich unter den auch von den Benediktinern anerkannten Hymnen. Daß diesen auch die zwölf übrigen nicht unähnlich nach ihrem ganzen

---

[1] Hymnorum veteris ecclesiae XXVI interpretatio theotisca (Gott. 1830).

Geiste erscheinen, wird man kaum in Abrede stellen können." Klingt dies wie ein Beipflichten, so ist doch schon das „auf eine Linie stellen" mit Grimms Hymnensammlung, da wo es sich um die Frage „Ambrosius oder nicht" handelt, mehr als überraschend; der scheinbare Beifall wird aber fast zur Ablehnung, wenn man liest, wie denn Grimms Sammlung weiter oben eingeführt wurde. Es geschah, nachdem die Möglichkeit zugegeben, daß außer den zwölf Hymnen der Mauriner, die unbesehen als echt durchgelassen werden, noch andere von Ambrosius könnten gedichtet sein und durch innere Beweise eruirt werden, mit den Worten: „wenn auch keine völlige Gewißheit darüber sich erzielen läßt". Danach droht die Sache beinahe zu einer kitzeligen Schulfrage sich zuzuspitzen, zur Frage, was denn zu einer solchen „völligen Gewißheit" nothwendig sei und was nicht. Bekanntlich sind unsere Philosophen nicht einmal alle „völlig gewiß", ob sie, vom Denkvermögen ganz zu schweigen, ihren gesunden Sinnen trauen dürfen.

Auch Huemer in seinen gediegenen Untersuchungen über den jambischen Dimeter kennt Biraghi; die Wiener Hofbibliothek ist eine der wenigen deutschen Bibliotheken, welche die Inni sinceri besitzen. Aber seinen Beifall als Kritiker hat Biraghi offenbar nicht, da er schreibt: „Von den zwölf Hymnen, die die Benediktiner dem Ambrosius zugeschrieben, sind nur vier durch sichere Zeugnisse als echt beglaubigt."[1] Diese Worte sind Ebert entlehnt, nur ist die Wendung „sichere Zeugnisse" immerhin vorsichtiger gewählt als „sicher documentirt", wie Huemers Quelle sich ausdrückt: „Unter den uns erhaltenen ambrosianischen Hymnen sind nur vier, von welchen die Autorschaft des Ambrosius wirklich sicher documentirt ist." Dies ist seit dem ersten Erscheinen von Eberts erstem Bande eine Art Erblehre geworden, die alle Nachfolgenden getreulich wiederholt haben. Nun schrieb Biraghi 1862, Ebert über genau dieselbe Frage 1874, ohne Biraghi zu nennen und zu kennen. Ersteres gewiß, letzteres wahrscheinlich, da sein Schweigen sonst doppelt unerklärlich wäre.

Im Jahre 1881 gab Dompropst Dr. Joh. Kayser, damals noch Provincialschulrath, die zweite, umgearbeitete und vermehrte Auflage seiner „Beiträge zur Geschichte und Erklärung der ältesten Kirchenhymnen" heraus. Das fünfte Kapitel handelt über Ambrosius. Es schließt mit der Versicherung: „Von den vielen Hymnen, welche unter dem Namen

---

[1] Untersuchungen über den jambischen Dimeter ꝛc. (Wien 1876), 8.

des Ambrosius umgeboten werden, lassen sich nur vier mit **historischer Gewißheit als echt nachweisen**.“ Das Wort stammt aus Ebert; aber während Huemer dessen Worte mit richtigem Tacte restringirt, sind dieselben hier noch etwas erweitert. Von Biraghi nicht die Spur.

Das Jahr 1890 brachte uns Jhms Studia Ambrosiana[1], eine ebenso fleißige als werthvolle Arbeit. Daß die Hymnen des Ambrosius darin das Aschenbrödel sind, überrascht nicht mehr. Nachdem wir in dem Abschnitt Hymni et carmina auch nicht um eine Linie gefördert worden, schließt der Autor mit den wenig tröstlichen Worten: Plura de hymnis Ambrosianis dicere nec volo nec queo; das zweite versöhnt uns insoweit mit dem ersten, als wir uns doch nicht purer Böswilligkeit und Hartherzigkeit gegenüber wissen. Zum Ersatze hat uns der Autor S. 59 das Ebertsche Dogma ins Lateinische übertragen: Sed hymnorum, qui hodie Ambrosii nomen prae se ferunt, longe plurimi subditicii sunt. Duodecim fere ab editoribus ut Ambrosiani recepti sunt. *Sed horum quatuor tantum constat origo Ambrosiana.*

Ein Jahr später erschien auf dem Büchermarkte M. Manitius' „Geschichte der lateinischen Poesie bis zur Mitte des achten Jahrhunderts“. S. 134 ff. handeln von den Hymnen des Ambrosius; S. 139 finden wir den lieben alten Bekannten: „Von den zahlreichen erhaltenen Hymnen, die des Ambrosius Namen tragen, können nur vier ihre **Echtheit durch Zeugnisse aus Augustin unbedingt erweisen**.“[2] Manitius citirt vielerlei Quellen für seine Arbeit; selbst an Artikeln der Revue des deux Mondes ist er nicht gleichgiltig vorbeigegangen. Aber der Name des Mannes, der diese Frage, wenn nicht am besten, so doch jedenfalls am eingehendsten behandelt hat, ist ihm nie zu Ohren gekommen. Und doch schrieb Biraghi 1862, und doch citirt ihn Bähr — und doch.

Es ist beinahe wohlthuend, daß auch andere ebenso vergeßlich waren als wir Deutsche. Solamen miseris! In demselben Jahre mit Eberts erstem Bande erschien Trenchs Sacred Latin Poetry in dritter, vermehrter und verbesserter Auflage. S. 86 ff. beschäftigen sich mit Ambrosius. Außer den Maurinern und Thomasius nennt der Verfasser nur noch das Dictionary of Greek and Roman Biography, welches einige Attributionen der Mauriner

---

[1] Jahrbücher für klassische Philologie von Alfred Fleckeisen, XVII. Supplementband (Leipzig 1890), 1—124.

[2] Man braucht nur ein einziges Mal aufmerksam den Hymnus Grates tibi, Iesu, novas zu lesen und zu wissen, daß er in Handschriften des 10. Jahrhunderts sich findet, um die Haltlosigkeit dieser Ebertschen Erblehre mit Händen zu greifen.

angezweifelt hat; für Biraghi war unter den Vermehrungen und Verbesserungen kein Platz.

Als jüngste hymnologische Novität erschien im laufenden Jahre 1892 John Julian's Dictionary of Hymnology. Der Artikel Ambrosius, R. T. (Rev. Robinson Thornton) chiffrirt, kennt außer Daniel und den Acta Sanctorum nur die zwölf Hymnen der Mauriner; von Biraghi nicht die Silbe. Es ist, als hätte er nie gelebt, nie etwas geschrieben, am wenigsten über Ambrosius, am allerwenigsten über dessen Hymnen.

Wozu ich dieses Sündenregister aufstelle? Um das fleißige Werk von Bähr, die schätzenswerthen Untersuchungen von Huemer und Ihm, die grundlegende Arbeit von Ebert, um Werke herabzusetzen, die ich zum Theil persönlich bei ihrem Erscheinen mit Freude begrüßt und belobt habe? Absit! Meine Absicht war, zu zeigen, warum ich noch einmal an eine Frage herantrete, die ich durch Biraghi für gelöst halte. Dieser Catalogus sollte darthun, daß, wenn anders Biraghis Werk nicht mit Absicht der Vergessenheit überantwortet worden, es nothwendig wird, dasselbe seinem sinistren Geschicke zu entreißen; er sollte zeigen, daß die vorliegende Untersuchung, selbst wenn sie in keinem Punkte über Biraghi hinauskommen sollte, nicht bloß nützlich, sondern geradezu ein Gebot ist.

Und in der That kann ich wohl rücksichtlich der Singweisen, die Biraghi nicht berührt hat, nicht aber rücksichtlich der Texte zu einem neuen Resultate oder auch nur zu wesentlich neuen Beweismomenten gelangen. Vielleicht mag es hie und da gelingen, durch verschiedene Anordnung des Stoffes, eine knappere und prägnantere Formulirung der Beweise eine leichtere und tiefere Einsicht in die Bedeutung der Tragweite derselben zu vermitteln. Auch über die von Biraghi wie von mir benutzten Handschriften werde ich einige Aufschlüsse zu geben vermögen, die ich selbst in den Inni sinceri vermißt habe. Im wesentlichen aber steht der erste Theil dieser Abhandlung auf den Schultern Biraghis.

I. Die Hymnen des heiligen Ambrosius.

1. Wo haben wir die echten Hymnen des Ambrosius zu suchen?

Man mag die drei vorerwähnten von Biraghi aufgestellten kritischen Canones in einer Reihenfolge behandeln, in welcher man will, es wird stets eine gewisse Wiederholung, stets ein Rück- und Vorgreifen von dem einen zum andern stattfinden müssen; denn sie sind nicht unabhängig voneinander; der eine trägt und stützt den andern, setzt die Kenntniß des andern wie die seiner Resultate voraus. Man könnte füglich mit dem beweiskräftigen historischen Zeugnisse beginnen, das an sich schon die Echtheit eines Hymnus außer Zweifel stellt. Hieran könnte sich als zweiter kritischer Prüfstein die Untersuchung der Auffassung und Darstellung des Ambrosius reihen (Biraghis erster Canon), da diese auf den Resultaten der ersten Untersuchung aufbaut. Endlich würde an dritter Stelle die mailändische Tradition zu vernehmen und zu erörtern sein, ob aus der von ihr uns zugeführten Hymnenmasse mittelst Anlegung des soeben gewonnenen Maßstabes weitere echte Producte des Ambrosius als solche erweisbar wären. Indes der Umstand, daß uns durch Augustin und andere einzelne Hymnen als von Ambrosius herrührend bezeugt werden, ist nicht mehr und nicht weniger als ein glücklicher Zufall. So gut Augustin von den andern Hymnen schweigen konnte, konnte er es von diesen. Allein auch bei seinem und der übrigen völligem Schweigen über die einzelnen Hymnen wäre es einem scharfsinnigen Kopfe auf dem von Biraghi vorgezeichneten Wege nicht unmöglich gewesen, die Hymnen des Ambrosius von denen zu sondern, die keinen Anspruch auf seine Urheberschaft machen können[1]. Weit entfernt, in und aus sich die Grundlage zu bilden, von der aus die kritische Untersuchung an die Lösung der

---

[1] Dies wird z. B. der einzig gangbare Weg sein, um bei dem Schweigen der Zeitgenossen einiges Licht über die hymnographische Thätigkeit Gregors des Großen zu erlangen, wenn anders überhaupt irgend etwas noch erreichbar ist.

ambrosianischen Hymnenfrage heranzutreten hat, stehen diese vereinzelten Zeugnisse vielmehr erst an dritter Stelle, sind eher eine Bestätigung und Beglaubigung des anderweitig Festgestellten als die erste oder gar einzige Quelle unserer Erkenntniß [1].

Welches ist vielmehr die erste Frage, die derjenige, der mit methodischem Zweifel an die Lösung unserer Aufgabe herantritt, sich stellen muß? Es ist unstreitig die: Wo habe ich die Hymnen des Ambrosius zu suchen? wo und wo allein habe ich Aussicht, sie zu finden? Die Antwort ist höchst einfach und selbstverständlich und doch von der höchsten Tragweite. Ich habe diese Hymnen zu suchen nicht etwa in Augustins Confessiones, sondern in der mailändischen Liturgie. Wenn irgendwo, so müssen sie da zu finden sein. Der weitere Verlauf wird zeigen, daß es durchaus keine große Zahl von Hymnen ist, unter denen die Hymnen des Ambrosius gesucht und gefunden werden müssen.

Kein Hymnus, so Biraghi, kann als von Ambrosius herrührend angesehen werden, von dem nicht nachweisbar ist, daß er von alters her in der mailändischen Kirche in Gebrauch war. Hat dieser Canon seine Berechtigung? Seine volle. Ich kann mir nur eine Möglichkeit denken, die ihn zu durchbrechen im stande wäre, wenn nämlich ein Zeitgenosse von der Vertrautheit mit den mailändischen Zuständen, wie Augustin sie besaß, uns einen Hymnus als ein Werk des Ambrosius bezeichnete, der nicht als im mailändischen Usus befindlich nachgewiesen wäre. Ich würde dann zu dem Schlusse gedrängt: Also hat die mailändische Kirche schon frühzeitig Hymnen des Ambrosius über Bord geworfen, vielleicht um Raum zu schaffen für neue. Diese Möglichkeit ist aber einmal keine Wirklichkeit. Alle Hymnen, welche auf Zeugnisse Augustins und anderer Gewährsmänner hin als zweifellos echt angesehen werden müssen, finden sich thatsächlich auch in der mailändischen Liturgie, und zwar noch heute; diese absolute Möglichkeit ist andererseits so sehr eine Unwahrscheinlichkeit, so sehr eine moralische Unmöglichkeit, daß der Gedanke an dieselbe so lange abzuweisen ist, als sie nicht streng und strengstens erweisbar wird, und dies doppelt, wo es sich um die mailändische Liturgie handelt.

---

[1] Mit Recht bemerkt Biraghi (l. c. p. 23): E questo è l'unico argomento adottato dai Padri Maurini; ed io pure lo metterò a profitto; ma con maggiore riserbo, cioè quando colla antichità concorrano i due Canoni sopra espressi, ossia l'indole letteraria di Ambrogio ed il consenso della Chiesa milanese.

Die Hymnenbestände der Liturgien haben sich nämlich bis tief ins Mittelalter hinein selten geändert durch Unterdrückung des Altgewohnten, sondern nur durch Zusätze und Erweiterung. Wohl sehen wir es geschehen, daß eine Liturgie völlig unterdrückt wird und einer andern weichen muß, wie unter den ersten Karolingern die verschiedenen Liturgien ihres weiten Reiches der römischen weichen mußten, ein Schicksal, zu dem auch die ambrosianische Liturgie bestimmt war, und welches nur durch eine Zähigkeit abgewendet werden konnte, stark genug, um der Zähigkeit des eisernen Karl mit Erfolg zu widerstehen. Unterdrückungen poetischer Theile der Liturgie beobachten wir zuerst um die Wende des zwölften Jahrhunderts, zu einer Zeit, da die lateinische Poesie mit der Arbeit, sich eine neue mustergiltige, auf Redeaccent und Reim aufbauende Form zu schaffen, zu einem glücklichen Ende gekommen war, und der veränderte und geläuterte Geschmack wenig Gefallen mehr finden konnte an den rauhen Producten der Verfallsperiode, welche die Metrik der alten Zeit nicht mehr, die der neuen noch nicht begriffen hatte. Und auch da noch erstrecken sich diese Aenderungen selten auf die eigentliche Liturgie, sondern vornehmlich auf Sequentiarien, Troparien und ähnliche Dinge [1], die ihrer Entstehung nach präterliturgisch waren und nie ganz mit der Liturgie zusammenschmolzen: Dinge zudem, die der mailändische Ritus überhaupt nie gekannt hat. Sodann gehört diese Epoche einer Zeit an, aus der, was Mailand betrifft, so zahlreiche liturgische Monumente vorhanden sind, daß sich jede Unterdrückung mühelos constatiren ließe.

Nun kommt aber zu dieser allgemein beobachteten Thatsache speciell für Mailand eine Liebe zur überlieferten Liturgie wie zu einer Art Nationalheiligthum, ein Hangen am Altgewohnten, ein Beharren im Hergebrachten, das wir in diesem Grade anderswo vergeblich suchen. Ueberall rottete Karl der Große die Liturgien der Einzelkirchen aus, ohne ernstlichen Widerstand zu finden, nur nicht in Mailand [2]. Nach den Kaisern versuchten Päpste zu wiederholten Malen die Liturgie zu ändern; stets scheiterte der Versuch. Die ältesten Drucke der mailändischen Liturgie

---

[1] Dennoch vermochten z. B. in Deutschland trotz des veränderten Geschmackes die herrlichen spätern Sequenzen nie die Notkerschen zu verdrängen. Diese bilden noch in allen gedruckten deutschen Missalien des 15. und 16. Jahrhunderts den Hauptstock. So groß war das Beharren bei dem einmal Liebgewonnenen.

[2] Duchesne (Origines du culte chrétien, 99) erklärt zwar die von Karl dem Großen behauptete Feindschaft für sagenhaft. Sie stimmt aber, was den Kern der Sache betrifft, sehr wohl zu der Kirchenpolitik Karls.

zeigen beim Vergleiche mit den ältesten Handschriften, daß die Ueberlieferung vom 10. bis ins Ende des 15. Jahrhunderts die denkbarst treue war, die sich nur Zusätze und auch deren nur wenige erlaubt, was zu dem Schlusse berechtigt: also war dieselbe in den fünf vorhergehenden Jahrhunderten mindestens ebenso conservativ. Und gab es etwas, worüber diese conservative Treue und Beharrlichkeit eifersüchtiger wachen mußte als gerade die Hymnen, mit denen der Name des Ambrosius inniger verwachsen war als mit irgend etwas anderem? Ja selbst in Bezug auf Weiterbildung und Ausrundung durch Hinzufügen neuen hymnologischen Materials sehen wir die mailändische Liturgie mehr denn jede andere verzichten. Vielleicht im neunten, jedenfalls vor dem zehnten Jahrhundert ist, wie wir sehen werden, zu dem Stock der ambrosianischen Hymnen eine Anzahl weiterer, unentbehrlicher Hymnen hinzugefügt worden; dann aber ist der Proceß abgeschlossen, und es währt bis ins 14. und 15. Jahrhundert, bis wir im Hymnar neuen Zusätzen begegnen. Das Gesagte gilt von den mailändischen Büchern schlechthin, vom Diöcesanbrevier. Anders wenn es sich um monastische Handschriften des mailändischen Ritus handelt; diese setzen frühzeitig neue Hymnen bei und oft nicht wenige, aber stets ohne Abbruch an dem alten Schatze. Es fragt sich nunmehr, welches der alte constante Hymnenschatz der mailändischen Kirche ist. Bevor wir die Reihe der Hymnen aufstellen, möge die der Handschriften, welche bei Herstellung derselben benutzt worden, hier ihre Stelle finden:

1. An erster Stelle ist unbedingt *Cod. Vaticanus Regius 11* (bei Thomasius Reginae Sueciae 12, nunc Alexandrinus 11) zu nennen, obschon derselbe keine **mailändische** Handschrift ist. Derselbe ist aber die älteste Textquelle für mehrere ambrosianische Hymnen und überhaupt das älteste bekannte Hymnar. Die Handschrift enthält 236 foll., 31 × 22,5 cm, und ist in Unciale geschrieben. Ueber das Alter derselben urtheilt De Rossi (bei Biraghi S. 26): „È scritto in lettere unciali così belle ed accurate che se non fosse libro liturgico lo stimerei paleografia del secolo settimo e forse anche più antico: ma nei libri liturgici la scrittura unciale si conservò, come è noto, assai lungamente; e questo Codice è facilmente non anteriore all' ottavo od al nono secolo." [1] Die Handschrift ist ein Psalterium, welchem außer dem Te Deum (fol. 230 b) nachstehende Hymnen folgen:

---

[1] Unter den Hymnen der Handschrift befindet sich der bei Daniel I, 68 abgedruckte: Deus aeterni luminis. Biraghi entdeckt in diesem Hymnus einige Analogien mit dem abergläubischen Gebete jenes Albebert, der auf dem Concilium Ro-

18　　　　　　　I. Die Hymnen des hl. Ambrosius.

1. *Splendor paternae gloriae* .	. Item hymnus 2da feria dicendus	fol. 231 a
2. Aeternae lucis conditor . .	. Item hymnus 3^{ia} feria dicendus	fol. 231 a.
3. Fulgentis auctor aetheris .	. Item hymnus 4ta feria dicendus	fol. 231 b.
4. Deus aeterni luminis .	. Item hymnus 4ta feria dicendus	fol. 231 b.
5. Christe, rex coeli .	. Item hymnus 5ta feria dicendus	fol. 232 a.
6. Diei luce reddita . . .	. Item hymnus 6ta feria dicendus	fol. 232 b.
7. *Intende, qui regis Israel*	. Hymnus natali Domini dicendus	fol. 233 a.
8. *Inluminans altissimus*	. Item hymnus Epiphaniae .	. fol. 233 a.
9. *Hic est dies verus Dei* .	. Hymnus die Paschatis	. fol. 233 b.
10. *Iam surgit hora tertia* .	. Hymnus ad tertiam	. fol. 233 b.
11. Iam sexta sensim volvitur .	. Hymnus ad sextam	. fol. 234 a.
12. Ter hora trina volvitur .	. Hymnus ad vesperum in die ieiunii	fol. 234 b.
13. Deus, qui certis legibus	. Hymnus vespertinus . .	. fol. 235 a.
14. *Deus, creator omnium* . .	. Item hymnus vespertinus .	. fol. 235 a.
15. Sator princepsque temporum¹	Item hymnus vespertinus .	. fol. 235 b.
16. Mediae noctis tempus est .	. Hymnus ad nocturnum . .	. fol. 235 b.
17. Magna et mirabilia² . .	. Hymnus nocturnus . . .	. fol. 236 a.
18. Certum tenentes ordinem .	. Hymnus ad tertiam cotidianus	. fol. 236 a.
19. Dicamus laudes Domino .	. Hymnus ad sextam . . .	. fol. 236 b.
20. Perfectum trinum numerum .	Hymnus ad nonam .	. fol. 236 b.

2. *Cod. Ambrosianus T. 103 sup.* Mit ihm beginnen wir die Reihe der mailändischen Handschriften; er ist ein sogen. Manuale, d. h. ein Antiphonar ohne Noten, gleichzeitig für den Altardienst und das Chorgebet bestimmt. Es scheint mir dem zehnten Jahrhundert anzugehören. Biraghi setzt es ins neunte. Die Maße sind 22,4 × 14,3 cm. Es ist leider verstümmelt und enthält nur noch folgende Hymnen:

Miraculum laudabile.　　　　　Amore Christi nobilis.
Intende, qui regis Israel.　　　Inluminans altissimus.
Stephani, primi martyris.　　　Agnes, beatae virginis.

---

manum von 745 infolge Schreibens des hl. Bonifatius verurtheilt wurde, und welches sich bei Labbe (VIII, col. 305) findet. Demgemäß möchte Biraghi bei dem Zusammenhange von Hymnus und Gebet die Handschrift vor das Jahr 745 setzen. Allein dieser Zusammenhang ist doch zu schwächlich, um einen Schluß darauf zu bauen. Er zeigt sich im Grunde nur in einem Verse: Tu in septimo throno sedes, und da liegt bei allem Auffallenden der Uebereinstimmung doch die Möglichkeit einer dritten, dem Hymnenschreiber und dem Gebetsverfasser gemeinsamen Quelle zu nahe, um sich für eine directe Abhängigkeit zu entscheiden.

¹ Dieser Hymnus ist bei Thomasius (II, 419) gedruckt, bei Daniel übersehen, neuerdings gedruckt Siona, 9. Jahrg., Nr. 2, S. 22.

² Von diesem Hymnus bemerkt Ebert (I, 529), unter den in der Regula Aureliani († 559) genannten Hymnen fänden sich zwei rhythmische aufgeführt: Rex aeterne Domine und Magna et mirabilia; letztere habe er nirgends gefunden, es genüge aber der Anfangsvers, ihren vollkommenen rhythmischen Charakter darzuthun. — Derselbe ist nicht rhythmisch, sondern ametrisch, steht bei Thomasius und jetzt auch Siona a. a. O.

Agathae, sacrae virginis.
Mysterium ecclesiae.
Magnum salutis gaudium.
Hymnum dicamus Domino.
Ad coenam agni providi.
Hic est dies verus Dei.
Summi vatis praeconium.

Ut queant laxis resonare.
Mysteriorum signifer.
Christe, cunctorum dominator.
Aeterna Christi munera.
Iesu, corona celsior.
Iesu, corona virginum.

3.¹ *Cod. Ambrosianus s. n.* Ein Manuale, das keine Bibliotheks=
signatur trägt (90 Blätter 25 × 15,8 cm), gehört ins zehnte Jahrhundert,
ist ebenfalls verstümmelt und enthält folgende Hymnen:

Hic est dies verus Dei.
Gesta sanctorum martyrum.
Victor, Nabor, Felix pii.
Regi polorum debitas.
Grates tibi, Iesu, novas.
Almi prophetae progenies.
Apostolorum passio.
Sacri triumphale tui.
Magni palmam certaminis.
Apostolorum supparem.
Summi vatis praeconium.

Mysteriorum signifer.
Christe, cunctorum dominator.
Deus, tuorum militum.
Aeterna Christi munera.
Iesu, corona celsior.
Iesu, corona virginum.
Squalent arva soli.
Obduxere polum.
Aeterne rerum conditor.
Splendor paternae gloriae.
Deus, creator omnium.

4. *Cod. Capituli Mediolanensis s. n.*, Brevier von Val Travaglia.
An der Handschrift war eine Signatur nicht zu entdecken, und auch bei
Biraghi trägt dieselbe keine Bezeichnung. Sie ist unpaginirt 27,3 × 18,2 cm.
Meiner Schätzung nach setzte ich dieselbe ins elfte Jahrhundert, nach Bi=
raghi gehört sie dem zehnten an. Folgendes ist der hymnologische Bestand:

Bellator armis inclitus.
Post Petrum, primum principem.
Miraculum laudabile.
Mysterium ecclesiae.
Intende, qui regis Israel.
Stephani, primi martyris.
Amore Christi nobilis.
Inluminans altissimus.
Agathae, sacrae virginis.
Magnum salutis gaudium.

Hymnum dicamus Domino.
Hic est dies verus Dei.
Iam Christus astra ascenderat.
Gesta sanctorum martyrum.
Victor, Nabor, Felix pii.
Regi polorum debitas.
Grates tibi, Iesu, novas.
Almi prophetae progenies.
Apostolorum passio.
Sacri triumphale tui.

Magni palmam certaminis.
Apostolorum supparem.
Summi vatis praeconium.
Mysteriorum signifer.
Christe, cunctorum dominator.
Sacratum hoc templum Dei.
Deus tuorum militum.
Aeterna Christi munera.
Iesu, corona celsior.
Iesu, corona virginum.

Aeterne rerum conditor.
Splendor paternae gloriae.
Deus, creator omnium.
Iam lucis orto sidere.
Iam surgit hora tertia.
Nunc sancte nobis Spiritus.
Rector potens, verax Deus.
Rerum Deus, tenax vigor.
Christe, qui lux es et dies.

Hier folgen die Hymni diurni auf das Proprium und das Commune. Bemerkenswerth ist, daß der Hymnus auf St. Agnes fehlt.

5. *Cod. Vaticanus 82* (foll. 258; 21,6 × 15,6 cm; saec. 11). Ein Psalterium mit folgendem Hymnar; fol. 1a auf dem Rande von späterer Hand die Bemerkung: „Iste liber est monasterii S. Iacobi de Pontida." Die Handschrift ist also monastisch. Sie enthält außer dem Te Deum folgende Hymnen:

Aeterne rerum conditor.
Splendor paternae gloriae.
Iam lucis orto sidere.
Christe, coelorum conditor [1].
Iam surgit hora tertia.
Nunc sancte nobis Spiritus.
Rector potens, verax Deus.
Bis ternas horas explicans.
Ter hora trina volvitur.
Rerum Deus, tenax vigor.
Deus, creator omnium.
Christe, qui lux es et dies.
Te lucis ante terminum.
Bellator armis inclitus.
Post Petrum, primum principem.
Miraculum laudabile.
Mysterium ecclesiae.

Intende, qui regis Israel.
Amore Christi nobilis.
Inluminans altissimus.
Agnes, beatae virginis.
Agathae, sacrae virginis.
Hymnum dicamus Domino.
Hic est dies verus Dei.
Gesta sanctorum martyrum.
Victor, Nabor, Felix pii.
Regi polorum debitas.
Optatus votis omnium.
Iam Christus astra ascenderat.
Grates tibi, Iesu, novas.
Almi prophetae progenies.
Apostolorum passio.
Apollinaris martyris.
Sacri triumphale tui.

---

[1] Der Hymnus trägt die Aufschrift: Item alius, ist also ein Lied zur Prim. Diese Handschrift ist die einzige Quelle desselben. Es ist ein Irrthum, wenn Daniel (I, 70) ihn in Alexandrinus 11 versetzt.

Magni palmam certaminis.
Apostolorum supparem.
Summi vatis praeconium.
Mysteriorum signifer.
Aeterna Christi munera.
Iesu, corona celsior.
Iesu, corona virginum.

Sacratum hoc templum Dei.
Christe, cunctorum dominator.
Obduxere polum.
Squalent arva soli.
Tristes nunc populi.
Saevus bella serit.

6. *Cod. Ambrosianus A 189 inf.* (foll. 149; 35,5 × 28,0 cm), ein Manuale vom Jahre 1188, für das mailändische Kapitel geschrieben. Dasselbe enthält:

Splendor paternae gloriae.
Iam lucis orto sidere.
Iam surgit hora tertia.
Nunc sancte nobis spiritus.
Rector potens, verax Deus.
Rerum Deus, tenax vigor.
Christe, qui lux es et dies.
Te lucis ante terminum.
Bellator armis inclitus.
Post Petrum, primum principem.
Miraculum laudabile.
Mysterium ecclesiae.
Intende, qui regis Israel.
Stephani, primi martyris.
Amore Christi nobilis.
Inluminans altissimus.
Agnes, beatae virginis.
Agathae, sacrae virginis.
Magnum salutis gaudium.
Hymnum dicamus Domino.

Hic est dies verus Dei.
Optatus votis omnium.
Iam Christus astra ascenderat.
Gesta sanctorum martyrum.
Victor, Nabor, Felix pii.
Regi polorum debitas.
Grates tibi, Iesu, novas.
Almi prophetae progenies.
Apostolorum passio.
Sacri triumphale tui.
Magni palmam certaminis.
Apostolorum supparem.
Summi vatis praeconium.
Mysteriorum signifer.
Christe, cunctorum dominator.
Deus, tuorum militum.
Aeterna Christi munera.
Iesu, corona celsior.
Iesu, corona virginum.
Deus, creator omnium.

7. *Cod. Ambrosianus A 1 inf.* (foll. 361; 27,3 × 19,3 cm; saec. 12). „In nomine sanctae trinitatis incipit Antiphonarius de universis festivitatibus anni circuli Mediolanensis ecclesiae." Eine spätere Bemerkung besagt: Olim ecclesiae S. Victoris ad theatrum. Die Handschrift enthält nur das sogen. festivale de tempore et de sanctis, also auch nur die zugehörigen Hymnen; es fehlen die diurni.

I. Die Hymnen des hl. Ambrosius.

Bellator armis inclitus.	Gesta sanctorum martyrum.
Post Petrum, primum principem.	Victor, Nabor, Felix pii.
Miraculum laudabile.	Regi polorum debitas.
Mysterium ecclesiae.	Grates tibi, Iesu, novas.
Intende, qui regis Israel.	Almi prophetae progenies.
Stephani, primi martyris.	Apostolorum passio.
Amore Christi nobilis.	Sacri triumphale tui.
Inluminans altissimus.	Magni palmam certaminis.
Agnes, beatae virginis.	Apostolorum supparem.
Agathae, sacrae virginis.	Summi vatis praeconium.
Magnum salutis gaudium.	Mysteriorum signifer.
Hymnum dicamus Domino.	Christe, cunctorum dominator.
Hic est dies verus Dei.	Aeterna Christi munera.
Optatus votis omnium.	Iesu, corona celsior.
Iam Christus astra ascenderat.	

8. *Cod. Ambrosianus J 27 sup.* (foll. 222; 25,0 × 14,0 cm; saec. 12). „Incipit liber manualis secundum institutionem Ambrosianae ecclesiae." Eine spätere Eintragung besagt: Olim ecclesiae Brippii [Brivio]. Fol. 221: „Scriptus est autem hic liber anno ab incarnatione Domini nostri Iesu Christi MCLXXXXIII tempore Coelestini papae et regnante Henrico imperatore." Das Buch enthält nur den Wintertheil der Officien.

Bellator armis inclitus.	Amore Christi nobilis.
Post Petrum, primum principem.	Inluminans altissimus.
Miraculum laudabile.	Agnes, beatae virginis.
Intende, qui regis Israel.	Agathae, sacrae virginis.
Stephani, primi martyris.	Magnum salutis gaudium.

9. *Cod. Ambrosianus J 55 sup.* (24,0 × 15,0 cm; saec. 12; Biraghi saec. 11). Ein Antiphonar, zu dem eine spätere Eintragung bemerkt: „Videtur fuisse ad usum ecclesiae Cisnusculi [Cernusco]." Die Reihe der Hymnen ist genau dieselbe wie in der folgenden Handschrift, nur daß der Hymnus Deus, creator omnium an anderer Stelle steht und das Lied Gesta sanctorum martyrum fehlt.

10. *Cod. Ambrosianus E 71b inf.* (24,0 × 17,5 cm). Ein Psalter mit Hymnar „ad usum ecclesiae collegiatae S. Georgii in palatio". Biraghi setzt die Handschrift noch ins zwölfte Jahrhundert; sie ist dann

jedenfalls in das Ende desselben zu verlegen. Die Hymnen derselben sind die folgenden:

Aeterne rerum conditor.	Hymnum dicamus Domino.
Splendor paternae dexterae.	Hic est dies verus Dei.
Iam lucis orto sidere.	Optatus votis omnium.
Iam surgit hora tertia.	Gesta sanctorum martyrum.
Nunc sancte nobis Spiritus.	Iam Christus astra ascenderat.
Rector potens, verax Deus.	Victor, Nabor, Felix pii.
Rerum Deus, tenax vigor.	Regi polorum debitas.
Deus, creator omnium.	Grates tibi, Iesu, novas.
Christe, qui lux es et dies.	Almi prophetae progenies.
Te lucis ante terminum.	Apostolorum passio.
Bellator armis inclitus.	Sacri triumphale tui.
Post Petrum, primum principem.	Magni palmam certaminis.
Miraculum laudabile.	Apostolorum supparem.
Mysterium ecclesiae.	Summi vatis praeconium.
Intende, qui regis Israel.	Mysteriorum signifer.
Stephani, primi martyris.	Christe, cunctorum dominator.
Amore Christi nobilis.	Deus tuorum militum.
Inluminans altissimus.	Aeterna Christi munera.
Agnes, beatae virginis.	Iesu, corona celsior.
Agathae, sacrae virginis.	Iesu, corona virginum.
Magnum salutis gaudium.	

11. *Cod. Ambrosianus C 23 inf.* (24,0 × 17,0). Ein Manuale Ambrosianum, 13. Jahrhundert. Blatt 268: „Ego presbyter [der Name ist ausradirt], capellanus ecclesiae S. Mariae Podonis et canonicus ecclesiae S. Stephani de Segrate, hunc librum meis propriis manibus scripsi et exemplavi totum illud, quod inveni in beroldo ecclesiae maioris, ad utilitatem mei tantum et non alicuius ecclesiae." Die Handschrift hat Lücken. Sie enthält noch:

Aeterne rerum conditor.	Inluminans altissimus.
Deus, creator omnium.	Agnes, beatae virginis.
Miraculum laudabile.	Agathae, sacrae virginis.
Mysterium ecclesiae.	Magnum salutis gaudium.
Intende, qui regis Israel.	Hic est dies verus Dei.
Stephani, primi martyris.	Optatus votis omnium.
Amore Christi nobilis.	Iam Christus astra ascenderat.

I. Die Hymnen des hl. Ambrosius.

Gesta sanctorum martyrum.
Victor, Nabor, Felix pii.
Sacrum triumphale tui.
Magni palmam certaminis.
Apostolorum supparem.

Summi vatis praeconium.
Mysteriorum signifer.
Deus, tuorum militum.
Aeterna Christi munera.
Iesu, corona celsior.

Am Schlusse sind von späterer Hand nachgetragen die Hymnen: Apollinaris martyris; Obduxere polum; Coelorum regi plaudite und das Officium corporis Christi; letzteres anno 1336.

12. *Cod. Ambrosianus H 159 inf.* Psalterium, cantica, hymni. Die Handschrift ist monastisch, gehörte den Cluniacensern von St. Ambrosius zu Mailand. Das Hymnar ist außerordentlich reichhaltig; es ist eine Verschmelzung des ambrosianischen und des römischen, nebst einer Reihe beiden fremder, zum Theil neuer Hymnen, wie: Nunc Marcellinae virginis. Zuerst finden wir folgende Hymnenreihe, bestehend aus den Ambrosiani diurni, einem Theil der festivi und den vier communes.

Aeterne rerum conditor.
Splendor paternae gloriae.
Iam lucis orto sidere.
Iam surgit hora tertia.
Nunc sancte nobis Spiritus.
Rector potens, verax Deus.
Rerum Deus, tenax vigor.
Deus, creator omnium.
Christe, qui lux es et dies.
Te lucis ante terminum.

Bellator armis inclitus.
Post Petrum, primum principem.

Miraculum laudabile.
Mysteriorum signifer.
Intende, qui regis Israel.
Stephani, primi martyris.
Amore Christi nobilis.
Inluminans altissimus.
Agnes, beatae virginis.
Agathae, sacrae virginis.
Magnum salutis gaudium.
Deus, tuorum militum.
Aeterna Christi munera.
Iesu, corona celsior.
Iesu, corona virginum.

Hierauf folgen 20 römische Hymnen, 18 diurni; dann schließt sich die zweite Reihe ambrosianischer Hymnen an. Diese gehören vor die vier letzten Hymnen der obigen Series und führen die ständige mailändische Hymnenserie zu Ende:

Hymnum dicamus Domino.
Hic est dies verus Dei.
Optatus votis omnium.
Iam Christus astra ascenderat.

Gesta sanctorum martyrum.
Victor, Nabor, Felix pii.
Regi polorum debitas.
Grates tibi, Iesu, novas.

Almi prophetae progenies.　　Apostolorum supparem.
Apostolorum passio.　　　　　Summi vatis praeconium.
Sacri triumphale tui.　　　　　Mysteriorum signifer.
Magni palmam certaminis.　　Christe, cunctorum dominator.

Daran schließt sich eine weitere Serie von 50 andern Hymnen und schließlich ein Nachtrag des 15. Jahrhunderts, enthaltend die Hymnen des römischen Heimsuchungsofficiums des Cardinals Adam Easton, die Frohnleichnamshymnen und das Pange lingua des Fortunatus.

13. *Cod. Ambrosianus X 22 sup.* Brevier des 14., bei Biraghi des 13. Jahrhunderts: „Fuit olim ecclesiae Abiaschae in Lepontiis." Enthält die gewöhnlichen Hymnen.

14. *Cod. Ambrosianus M 25 sup.* Missale Ambrosianum et officium quotidianum, eine Papierhandschrift aus der Mitte des 15. Jahrhunderts. Sie enthält nicht bloß die Hymni diurni, sondern alle gewohnten 41 Hymnen, genau in der Ordnung wie Nr. 10.

15. *Cod. Ambrosianus Y 10 sup.* Psalterium mit den Hymnis diurnis, Handschrift des 14. oder 15. Jahrhunderts, aus St. Jakob von Pontiba stammend, enthält die zehn ersten der gewöhnlichen Hymnen in der gewöhnlichen Ordnung wie Nr. 12.

16. *Cod. Capituli Modoetiaci C 14./121*, ein Breviarium Ambrosianum saec. 11, erwähne ich nur seines Alters wegen; denn infolge seiner Verstümmelung enthält es nur noch die zwei ersten Hymnen der festivi: Bellator armis und Post Petrum, primum principem.

Weitere Handschriften jüngerer Zeit, sowie Drucke aufzuführen, unterlasse ich; ebenso verzichte ich auf die Zuhilfenahme von Cistercienser Handschriften. Dieselben könnten uns nicht weiter bringen, als wir jetzt schon sind. Denn die Vergleichung der Quellen ergibt, daß das mailändische Hymnar, soweit wir dasselbe hinauf verfolgen mögen und bis herab ins 14. und 15. Jahrhundert, in einzig dastehendem Sich=gleich=bleiben 41 Hymnen in folgender Ordnung umfaßt:

1. Aeterne rerum conditor.　　6. Rector potens, verax Deus.
2. Splendor paternae gloriae.　　7. Rerum Deus, tenax vigor.
3. Iam lucis orto sidere.　　　　8. Deus, creator omnium.
4. Iam surgit hora tertia.　　　9. Christe, qui lux es et dies.
5. Nunc sancte nobis Spiritus.　10. Te lucis ante terminum.

11. Bellator armis inclitus.
12. Post Petrum, primum principem..
13. Miraculum laudabile.
14. Mysterium ecclesiae.
15. Intende, qui regis Israel.
16. Stephani, primi martyris.
17. Amore Christi nobilis.
18. Inluminans altissimus.
19. Agnes, beatae virginis.
20. Agathae, sacrae virginis.
21. Magnum salutis gaudium.
22. Hymnum dicamus Domino.
23. Hic est dies verus Dei.
24. Optatus votis omnium.
25. Iam Christus astra ascenderat.
26. Gesta sanctorum martyrum.
27. Victor, Nabor, Felix pii.
28. Regi polorum debitas.
29. Grates tibi, Iesu, novas.
30. Almi prophetae progenies.
31. Apostolorum passio.
32. Sacri triumphale tui.
33. Magni palmam certaminis.
34. Apostolorum supparem.
35. Summi vatis praeconium.
36. Mysteriorum signifer.
37. Christe, cunctorum dominator.
38. Aeterna Christi munera.
39. Deus, tuorum militum.
40. Iesu, corona celsior.
41. Iesu, corona virginum.

Also nur Hymnen — dies die nothwendige Schlußfolgerung —, welche dieser Liste angehören, können bei unserer Untersuchung in Betracht kommen; Hymnen, die sich hier nicht finden, sind, wo die Autorschaft des Ambrosius in Frage kommt, a limine abzuweisen. Damit kommt schon eine große Anzahl von Hymnen, die bald da bald dort unserem Heiligen zugeschrieben werden, in Wegfall; die ganze Herde der sogen. Ambrosiana[1] sind zum größten Theile durch Anwendung dieses ersten Canons von jeder weitern Erörterung ausgeschlossen, eines Canons, der so selbstverständlich ist, daß man sich nicht genug darüber wundern kann, wie sich außer Biraghi keiner von allen, die je unsere Frage beschäftigte, die Mühe nahm, die mailändische Liturgie zu befragen. Alle Hymnen, die da und dort, sei es in Handschriften, sei es von Autoren, dem Ambrosius im Widerspruche mit diesem Canon zugeschrieben worden, hier des einzelnen durchzugehen, würde uns natürlich zu weit führen, auch eine völlig zwecklose Mühe sein. Es genüge, den gewonnenen Maßstab an das Verzeichniß der Mauriner zu legen; er entfernt aus demselben sofort alles, was nicht echt ambrosianisch ist, nämlich die Nummern 6, 9, 10, 11, 12, trifft aber auch zugleich empfindlich die Autorität der Zeugnisse des Cassiodorius,

---

[1] Vgl. Daniel I, 12—116. *Migne* XVII, 1171—1222. *Ballerini* VI, 853—885.

Beda, Hinkmar und Ilbephons, die sich als nicht unbedingt verlässig erweisen. Doch hiervon, soweit Cassiodorius in Frage kommt, später. Im Vorbeigehen sei nur erwähnt, daß auch die Hymnen des mozarabischen Breviers: Obduxere polum nubila coeli [1] und Squalent arva soli [2], von denen Gervinus meint, „schwerlich habe man schönere Gesänge als die lateinischen auf Wassernoth und Wassermangel" [3]; ferner die Hymnen desselben Breviers: Saevus bella serit [4] und Tristes nunc populi [5] nicht von Ambrosius sein können. Abgesehen von allen andern Gründen, kennt die constante mailändische Ueberlieferung sie nicht, wenngleich der eine oder andere derselben sich ein- oder zweimal im Verlaufe von Jahrhunderten in ein mailändisches Hymnar eingeschlichen [6].

Es tritt nun an uns die weitere Aufgabe heran, aus der erzielten Liste der mailändischen Hymnen jene zu streichen, die sich aus irgend einem, sei es äußern sei es innern, Grunde als nicht von Ambrosius herrührend nachweisen lassen. Der Rest kann sodann als echt ambrosianisch insofern gelten, als dieser Annahme kein Hinderniß im Wege steht; er wird positiv dafür zu gelten haben, sofern diese Lieder positiv, sei es durch äußere Zeugnisse sei es durch innere Gründe, sich als ambrosianisch erkennen lassen. Sowohl zur Zurückweisung der unechten als zur Auffindung der echten Hymnen ist aber eine Kenntniß des Stiles des Ambrosius, seiner Metrik sowohl als seiner Auffassung und Darstellung, erforderlich. Diese leichter zu vermitteln, wird man am geeignetsten von denjenigen Hymnen ausgehen, welche sich durch äußere Zeugnisse als echt nachweisen lassen.

2. Welche Hymnen sind durch historisches Zeugniß als von Ambrosius herrührend beglaubigt?

Streng genommen müßten wir, um einen völlig methodischen Gang zu verfolgen, die historischen Zeugnisse in eine doppelte Klasse eintheilen und uns hier nur fragen: Welche Hymnen sind durch historisches Zeugniß

---

[1] Daniel I, 29.   [2] Ebend. 81.
[3] Geschichte der deutschen Nationalliteratur III, 13.
[4] Daniel I, 112.   [5] Ebend. 114.
[6] Die beiden ersten finden sich in Nr. 3 des obigen Handschriftenverzeichnisses, alle vier im Vaticanus Pontida, also einer monastischen Handschrift. Die zwei ersten schreibt Beda (De arte metrica, 19) dem Ambrosius zu, wie man sieht, mit Unrecht. So sehr Gervinus diese Hymnen bewundert, so schlecht ist Biraghi auf dieselben zu sprechen: Certo nè la chiesa di Milano non ne fece uso, nè Ambrogio fu così pedante poeta. Gewiß, schön oder nicht schön, sein Stil ist das nicht.

derart beglaubigt, daß dieses für sich allein völlige Sicherheit gewährt,
unabhängig von jeder innern Prüfung des beglaubigten Hymnus. Später
hätte alsdann die weitere Frage zu folgen: Welche Hymnen sind durch
historisches Zeugniß so beglaubigt, daß dies Zeugniß nur dann annehmbar
erscheint, wenn innere Gründe es tragen und bestätigen, unannehmbar,
wenn solche ihm widersprechen. Zeugnisse der ersten Art sind ein Beweis,
Zeugnisse der andern Klasse ein Fingerzeig vor, eine Bestätigung nach
stattgefundener Prüfung. Gleichwohl ziehe ich, um zusammengehörige Dinge
nicht allzusehr zu zerreißen, es vor, sämtliche historische Zeugnisse der
Reihe nach vorzulegen und deren Beweiskraft zu prüfen, wenn nöthig,
unter theilweiser Vorwegnahme späterer Resultate.

Ein erstes Zeugniß über seine Hymnen gibt uns Ambrosius selbst
in der schon vorerwähnten Stelle seiner Rede gegen Auxentius. Diese
Stelle beweist nicht bloß, daß Ambrosius Hymnen gedichtet, daß das
ganze Volk sie gesungen, von ihrem Gesange hingerissen und begeistert
war, die Worte deuten, wenn sie gleich kein wörtliches Citat aus irgend
einem Hymnus enthalten, doch auf einen bestimmten Inhalt hin und
mögen daher die Reihe der Zeugnisse eröffnen. Ambrosius sagt: Hymnorum quoque meorum carminibus deceptum populum ferunt.
Plane nec hoc abnuo. Grande carmen istud est, quo nihil potentius. Quid enim potentius quam confessio trinitatis, quae *quotidie* totius populi ore celebratur? Certatim omnes student fidem
fateri; Patrem et Filium et Spiritum sanctum norunt *versibus* praedicare. Facti sunt igitur omnes magistri, qui vix poterant esse
discipuli [1]. Man ist vielfach geneigt gewesen, in dieser Stelle einen
Hinweis auf das Te Deum zu erblicken; so noch Schubiger in Kraus'
Real=Encyklopädie der christlichen Alterthümer [2]. Ich möchte mich nicht
mit Ballerini auf das Wort *carmen* beziehen, um das Te Deum aus=
zuschließen, welches ametrisch ist und daher von Ambrosius wohl kaum
carmen genannt worden wäre; ich möchte vielmehr mit Biraghi das Wort
grande carmen im Sinne von Zauber, incantatio, fassen, eine Ueber=
tragung, der auch Ballerini an anderer Stelle (V, 659 nota 1) bei=

---

[1] Serm. contra Auxent. n. 34.
[2] I, 598: „Auf seine Theilnahme an der Autorschaft des sogen. Ambrosiani=
schen Lobgesanges scheint dieser große Kirchenlehrer in seinem Werke De Spiritu
sancto (sic) selber hingedeutet zu haben, wenn er schreibt: ‚Man behauptet, daß ich
das Volk mittelst von mir verfaßter Hymnen verführe‘ u. s. w." Folgt die obige
Stelle aus dem Sermo contra Auxentium.

pflichtet: At iure vocabulo *carmen* ipse hic loci significationem tribuit incantationis *(magia)*, quae contextui apta videtur quaeque etiam apud Horatium incurrit [1]. Den von Ballerini gewünschten Ausschluß besorgt zunächst der Ausdruck hymnorum meorum. Diese hymni mei sind aber sämtlich, wie wir wissen, in jambischen Dimetern geschrieben; wir werden also an einen aus der Zahl dieser Hymnen zu denken haben, und zwar um so mehr, als der Redner sofort beifügt: norunt *versibus* praedicare. Einer aus dieser Schar kann das Te Deum nicht sein. Es kann aber hier um so weniger gemeint sein, als Ambrosius von einem Bekenntniß der Dreifaltigkeit, einem Hymnus redet, der täglich gesungen ward. Das Te Deum aber wurde noch lange nach Ambrosius' Zeit nicht täglich gesungen; Vaticanus Regius 11 überschreibt dasselbe: Incipit hymnus dicendus die dominico, und auch die Regeln des Cäsarius und Aurelianus von Arles sowie des hl. Benedikt schreiben dasselbe nur für den sonntäglichen Gebrauch vor. Wäre also die Autorschaft des Ambrosius für das Te Deum auch nicht aufgegeben, wie sie es heute allgemein ist [2], so hätten wir doch, bevor wir an das Te Deum denken könnten, zuzusehen, ob unter den mailändischen Hymnen, welche unserem Autor beigelegt werden, einer ist, der täglich gesungen wurde und eine Confessio Trinitatis enthält. Denn daß nicht etwa an die allen Hymnen angehängte Doxologie zu denken, entscheidet der Umstand, daß Ambrosius Doxologien in diesem Sinne überhaupt noch nicht kennt. Unter den Hymnen aber, die Ambrosius beigelegt werden und gegen die weder Canon 1, wie wir gesehen, noch Canon 3, wie wir sehen werden, eine Einwendung hat, ist einer, der in der That für den täglichen Gebrauch geschrieben ist und eine so offene und ausgesponnene Confessio Trinitatis enthält, daß es wohl keinem Zweifel unterliegen kann, Ambrosius habe diesen Hymnus vor allem im Auge gehabt [3]. Es

---

[1] Cfr. Hexaem. IV, 8, 33: Quam ridiculum autem, quod te plerumque credunt homines magicis carminibus posse deduci! Auch Ebert bemerkt in einer Note S. 169: „Das Wortspiel wird dem Leser nicht entgehen; carmen ist hier im Sinne von Zauber genommen."

[2] Wir verweisen auf den ausgezeichneten Aufsatz des Right Rev. Dr. Wordsworth in Julians Dictionary of Hymnology, 1122, n. IV.

[3] Biraghi bezieht die Stelle auf den Hymnus zur Terz: Nunc sancte nobis Spiritus, der allerdings mit einer, wenngleich kurzen Confessio Trinitatis beginnt:
Nunc sancte nobis Spiritus,
Unum Patri cum Filio.
Allein die Autorschaft des Ambrosius ist bezüglich dieses Liedes, wenn auch höchst wahrscheinlich, doch nicht in dem Grade gewiß, wie für die andern. Sodann

ift der Hymnus Splendor paternae gloriae, ein diurnus, der in aurora gesungen wurde. Seine drei ersten Strophen enthalten nacheinander die Anrufung der drei göttlichen Personen: des Sohnes, des Heiligen Geistes, des Vaters:

> *Splendor paternae gloriae,*
> De luce lucem proferens,
> Lux lucis et fons luminis,
> Diem dies illuminans,
>
> Verusque sol, illabere.
> Micans nitore perpeti,
> Iubarque *sancti Spiritus*
> Infunde nostris sensibus.
>
> Votis vocemus et *Patrem,*
> Patrem perennis gloriae,
> Patrem potentis gratiae,
> Culpam releget lubricam.

Derselbe Hymnus ist übrigens, um dies hier gleich beizufügen, noch durch ein weiteres historisches Zeugniß als ambrosianisch beglaubigt. Fulgentius, Bischof von Ruspe, der zu Anfang des 6. Jahrhunderts lebte, führt ihn in seinem Schreiben an Ferrandus diaconus an mit den Worten: Ipsum enim [filium] apostolica praedicat auctoritas splendorem gloriae et figuram substantiae Dei (Hebr. 1, 3); quod sequens *beatus Ambrosius* in hymno matutino *splendorem paternae gloriae* filium esse pronuntiat [1]. Und noch einmal in demselben Briefe kommt er auf denselben Hymnus zurück: Hanc ebrietatem bibemus, dum accepto Spiritu sancto perfectae caritatis, quae foras mittit timorem, gratiam possidebimus. Hinc est, quod *beatus Ambrosius* in hymno matutino, huius nos postulare gratiam ebrietatis edocuit, dum dicimus:

> Laeti bibamus sobriam
> Ebrietatem Spiritus [2].

---

stützt sich Biraghi auf eine Art Wortspiel, das im Grunde gegen ihn spricht. Dieser Hymnus wird in den Handschriften Hymnus ad tertiam cotidianus überschrieben. Biraghi sperrt das Wort cotidianus und im Texte des Ambrosius das quotidie. Allein der Hymnus hieß cotidianus im Gegensatze zu dominicalis, weil an Sonntagen zur Terz ein anderer Hymnus: Iam surgit hora tertia, gesungen ward. Der Hymnus Nunc sancte ward also trotz oder vielmehr wegen seiner spätern Bezeichnung als cotidianus nicht quotidie gesungen.

[1] Epist. XIV. ad Ferrandum n. 10 (*Migne* LXV, 401).
[2] Ibid. n. 42 (*Migne* l. c. 430).

Wir sahen weiter oben, daß die Mauriner auch das Zeugniß des Beda für dies Lied anführen. Allein auf dasselbe ist kein Gewicht zu legen. Einmal sahen wir, daß Beda Ambrosius Hymnen zuschreibt, die nicht von ihm sind, daß er somit nicht hinreichend unterrichtet erscheint. Dann bedient er sich an der auf unsern Hymnus bezüglichen Stelle (De arte metrica, c. 20) des Ausdruckes Ambrosianus, der an sich zweideutig ist. Daß speciell Beda den Ausdruck Ambrosianus im Sinne der Regel des hl. Benedikt gebraucht, beweist De arte metrica c. 24, das vom Rhythmus handelt: quomodo et ad instar iambici metri pulcherrime factus est hymnus ille praeclarus: Rex aeterne Domine .... et alii Ambrosiani non pauci, wo wir Beda nicht aufmutzen dürfen, er habe Ambrosius für den Verfasser zahlreicher rhythmischer Hymnen gehalten. In gleichem Sinne ist das Wort wohl auch c. 11 zu nehmen. Unsere Stelle, die vom jambischen Dimeter handelt, fährt, nachdem der Hymnus A solis ortus cardine richtig dem Sebulius vindicirt ist, fort: Sed et *Ambrosiani* eo maxime currunt:

>Deus, creator omnium.
>Iam surgit hora tertia.
>Splendor paternae gloriae.
>Aeterne rerum conditor,

et ceteri perplures. In quibus pulcherrimo est decore compositus hymnus beatorum martyrum, cuius loca imparia spondeus, iambus tenet paria; cuius principium est:

>Aeterna Christi munera
>Et martyrum victorias
>Laudes ferentes debitas
>Laetis canamus mentibus.

In welchem Sinne ist hier das Wort Ambrosianus gebraucht? Man wird zugeben müssen, daß die eine Bedeutung dem Worte nicht so eigen geworden, daß die andere völlig abhanden gekommen. Man wird gleichfalls zugeben müssen, daß es auffallend ist, an dieser Stelle lauter wirklich von Ambrosius herrührende Hymnen erwähnt zu sehen. Man wird es Biraghi kaum übelnehmen können, wenn er bezüglich des letzten dieser fünf Hymnen argumentirt: „E conciossiachè lo alleghi in seguito ad inni certissimi di Ambrogio consegue che per *Ambrosiani* intendesse qui opera di Ambrogio." Dennoch muß die Sache immerhin zweifelhaft und auch bei der einmal untergrabenen Autorität Bedas in dieser Sache weniger bedeutsam erscheinen.

Sehen wir uns nach weitern Zeugnissen um, so kommt nach Ambrosius selbst vor allem sein jüngerer Zeitgenosse und geistlicher Sohn Augustin in Betracht. Er citirt in seinen Schriften vier Hymnen, jedesmal mit dem ausdrücklichen Bemerken, daß selbe von Ambrosius herrühren. Die Stellen sind die folgenden:

Im Buche De beata vita n. 35 berichtet Augustin von seiner Mutter, daß sie den Hymnus Deus creator omnium auswendig gewußt: Hic mater recognitis verbis, quae suae memoriae penitus inhaerebant, et quasi evigilans in fidem suam versum illum *sacerdotis nostri: Fove precantes Trinitas* laeta effudit. Das Ereigniß fällt in den Landaufenthalt Augustins zu Cassago (Cassiciacum) und somit in die Mitte des Octobers 386. Da sacerdos im damaligen Sprachgebrauche unserem „Bischof" entspricht, haben wir die Worte versum illum sacerdotis nostri zu verdeutschen mit: den Vers u n s e r e s B i s c h o f s; das war aber der Bischof von Mailand, Ambrosius.

Augustin erwähnt desselben Hymnus noch ein zweites Mal Confess. IX. 12, 32. Sein Seelenleiden nach dem Heimgange der Mutter schildernd, schreibt er: Deinde dormivi et evigilavi et non parva ex parte mitigatum inveni dolorem meum: atque ut eram in lecto meo solus, recordatus sum veridicos versus Ambrosii tui: tu es enim

> Deus, creator omnium
> Polique rector, vestiens
> Diem decoro lumine,
> Noctem sopora gratia;
>
> Artus solutos ut quies
> Reddat laboris usui
> Mentesque fessas allevet
> Luctusque solvat anxios.

Zweimal citirt Augustin Verse desselben Hymnus, wenn auch ohne Beifügen des Autors, in seinem Werke De musica: das erste Mal VI, 2, 2: Responde, si videtur, cum istum versum pronuntiamus: *Deus, creator omnium*, istos quatuor iambos, quibus constat, et tempora duodecim, ubinam esse arbitreris? das zweite Mal VI, 9, 23: Sed ego puto, cum ille a nobis propositus versus canitur: *Deus, creator omnium*, nos eum et occursoribus illis numeris audire et recordabilibus recognoscere.

2. Welche Hymnen sind historisch als von Ambrosius herrührend beglaubigt?

Des Hymnus Aeterne rerum conditor erwähnt Augustin Retractt. I, 21, 1: In quo dixi in quodam loco de apostolo Petro, quod in illo tamquam in petra fundata sit ecclesia; qui sensus etiam cantatur ore multorum in versibus beatissimi Ambrosii, ubi de gallo gallinaceo ait:

> Hoc ipsa petra ecclesiae
> Canente culpam diluit.

Auch Beda (De arte metrica l. c.) erwähnt des Hymnus unter den fünf Ambrosianis, die er aufzählt.

Der dritte Hymnus, den Augustins Zeugniß beglaubigt, ist der Hymnus: Iam surgit hora tertia; er citirt die letzten Verse der zweiten Strophe in seinem Werke De natura et gratia 63, 74 mit den Worten: Quem Spiritum memoratus episcopus [Ambrosius] etiam precibus impetrandum admonet, ubi in hymno dicit:

> Votisque perstat sedulis
> Sanctum mereri Spiritum.

Auch dieser Hymnus wird von Beda l. c. aufgeführt.

Der vierte Hymnus endlich, für den wir Augustins unschätzbares Wort besitzen, ist das Weihnachtslied: Intende, qui regis Israel. Dasselbe ist wie kein anderer Hymnus durch eine Fülle von Zeugnissen älterer Schriftsteller beglaubigt. Augustin erwähnt seiner zweimal: das erste Mal mit Namensnennung des Verfassers Serm. 372 de nativ. Domini 4, 3: Hunc nostri gigantis excursum brevissime et pulcherrime cecinit beatus Ambrosius in hymno, quem paulo ante cantastis; loquens enim de Christo Domino sic ait:

> Egressus eius a Patre,
> Regressus eius ad Patrem,
> Excursus usque ad inferos,
> Recursus ad sedem Dei.

Ebert bemerkt dazu S. 172, Note 3, daß die Authenticität dieser Predigt nicht ganz feststehe. Der Leser mag die Gründe zum Zweifel in der Ausgabe der Mauriner nachsehen, und wenn ihm dieselben irgend wie von Belang scheinen, dies Zeugniß auf die Seite legen. Diese Gründe hier zu discutiren, hat, da der Hymnus anderweitig gesichert ist, wenig Zweck und Reiz. Bemerken will ich nur, daß gerade dieses Anschließen an das soeben von der Gemeinde Gesungene in Augustins Reden sehr häufig vorkommt.

Wenn auch ohne Namen des Autors, wird derselbe Hymnus in einer Rede erwähnt, die Augustin zugeschrieben wurde, bis die Mauriner in dem Verfasser einen Menschen „genere dicendi, eruditione et ingenio multum inferiorem" erkannten. Serm. de Symbolo IV, 4 heißt es: Quis enim non expavescat, cum audit Deum natum? Audis nascentem, vide in ipso ortu miracula facientem:

> Alvus tumescit virginis,
> Claustrum pudoris permanet.

Bedeutsamer ist, bei der wenn auch nur schwächlich begründeten Anfechtung der Texte Augustins, das Zeugniß des Papstes Cölestin, des Zeitgenossen und Freundes Augustins, um so bedeutsamer, als es einer Anrede an die im Jahre 430 zu Rom conciliarisch versammelten Bischöfe entnommen ist und der Papst den Hymnus des Ambrosius dogmatisch gegen die Lehre des Nestorius verwerthet: Recordor beatae memoriae Ambrosium in die natalis Domini nostri Iesu Christi omnem populum fecisse una voce canere:

> Veni, redemptor gentium,
> Ostende partum virginis,
> Miretur omne saeculum,
> Talis decet partus Deum.

Numquid dixit: talis decet partus hominem? Ergo sensus fratris nostri Cyrilli in hoc, quod dicit theotocon Mariam, valde concordat: *talis decet partus Deum.* Deum partu suo virgo effudit [1].

Aus demselben Jahrhundert stammt zu Gunsten desselben Hymnus das Zeugniß des Faustus von Riez, in dessen Brief an Gratus diaconus wir lesen: Accipe etiam in hymno sancti antistitis et confessoris Ambrosii, quem in natale Domini catholica per omnes Italiae et Galliae regiones persultat ecclesia:

> Procede de thalamo tuo ...
> Geminae gigas substantiae [2].

Auch sind wir wohl berechtigt, an diesen Hymnus zu denken, wenn wir bei dem bekehrten Nestorianer Leporius lesen: Ideoque una persona accipienda est carnis et Verbi, ut fideliter sine aliqua dubitatione credamus unum eundemque Dei filium inseparabilem semper, *geminae substantiae* etiam *gigantem* nominatum. So in seinem Li-

---

[1] *Labbe* III (ed. Venet. 1728), col. 555.
[2] Monum. Germ. Auctt. antiq., VIII, 286. *Migne* LVIII, 854.

bellus emendationis, das neben andern auch Augustins Unterschrift aufweist ¹.

Dem folgenden 6. Jahrhundert gehört das Zeugniß des Facundus, Bischofs von Hermiana in Afrika, an, der in seiner Defensio trium capitulorum I, 3 schreibt: Unum de Trinitate credidi Dominum Iesum Christum . . . qui Patris exsistens unigenitus factus sit unigenitus matris, ut *geminae gigas substantiae*, sicut intellexit et cantavit Ambrosius, utriusque verae nativitatis proprietate credatur ². Aus all diesen Zeugnissen erhellt, daß unser Hymnus in den Zeiten der nestorianischen Wirren seine Rolle gespielt hat.

Auch Cassiodorius ist rücksichtlich desselben wohl unterrichtet, wenn er ihn In Psalm. 8, 11 concl. dem hl. Ambrosius zuschreibt: Beatus Ambrosius hymnum natalis Domini eloquentiae suae pulcherrimo flore compinxit, ut pius sacerdos festivitate dignum munus offerret. Ait enim:

> Procedat de thalamo suo,
> Pudoris aula regia
> Geminae gigas substantiae,
> Alacris ut currat viam

et cetera, quae supra humanum ingenium vir sanctus excoluit ³. Aehnlich in Psalm. 71, 6: Hinc Ambrosius ille, quaedam ecclesiae candela, mirabili fulgore lampavit dicens:

> Veni redemptor gentium,
> Ostende partum virginis,
> Miretur omne saeculum,
> Talis decet partus Deum ⁴.

Die Mauriner berufen sich rücksichtlich dieses Hymnus auch auf Jldephons' De perpetua virginitate beatae Mariae, woselbst man die erste Strophe des öftern citirt (non semel propositam) finde. Den gelehrten Mönchen ist indes hier, wie überhaupt, so oft sie sich auf Jldephons beziehen [5], etwas sehr Menschliches, ein Irrthum unterlaufen. Denn nicht in dem Buche Jldephons' De perpetua virginitate, sondern in dem gleichnamigen, ihm fälschlich beigelegten Werke, das auch den Titel De

---

[1] *Migne* XXXI, 1225 sq.   [2] *Migne* LXVII, 540.
[3] *Migne* LXX, 79.   [4] *Migne* LXX, 509.
[5] Für ihren zwölften Hymnus berufen sie sich auf Jldephons (Sermo de Parturit. et Purif. B. M. V.); es gibt aber keine als echt anerkannten Sermones von Jldephons.

partu virginis führt, und dessen wahrer Autor Pasch Radbert von
Corbie sein dürfte, finden sich die Stellen, auf welche sich die Mauriner zu
beziehen scheinen. Diese Stellen sehe man bei Daniel I, 5 f.[1]

Reihen wir die wenigen andern Zeugnisse, die uns aus älterer
Zeit zu Gebote stehen, unmittelbar hier an. Aus älterer Zeit; denn wenn
sich schon Bedas und Hinkmars diverse Attributionen zu einem Theile als
falsch erweisen, wenn sich folglich die Tradition bezüglich der Hymnen
des Ambrosius schon so frühzeitig als verdunkelt, wenn nicht als verloren
erkennen läßt, dann können Zeugnisse aus dem spätern und späten Mittelalter uns unmöglich in der Untersuchung fördern, könnten vielmehr nur
als wissenschaftlicher Ballast mitgeführt werden.

Den Epiphanie-Hymnus Illuminans altissimus haben die Mauriner
als von Ambrosius herrührend angenommen, gestützt auf ein Zeugniß
Cassiodorius', welcher eines von Ambrosius auf dies Fest verfaßten Hymnus
Erwähnung thut, ohne indes ein wörtliches Citat aus demselben einfließen
zulassen. Die Stelle (In Ps. 74, 8) lautet: Vinum in divinis scripturis
significat coeleste mysterium, sicut in illis hydriis factum est, quas
Dominus aqua fecit impleri, ut latices fontium ruborem vini mutata qualitate susciperent, quem natura non habuit. Unde beatus
Ambrosius in hymno sanctae Epiphaniae mirabiliter declamavit
splendidissima luce verborum. Es fragt sich zunächst: welchen Hymnus
hat Cassiodorius hier im Auge? Der Context weist, wie mir scheinen
will, mit Fingern darauf hin, daß nach den Worten splendidissima luce
verborum ein wirkliches und wörtliches Citat aus einem Hymnus folgte,
das nur durch die fatalen Abschreiber, oder richtiger wohl durch einen
fatalen Abschreiber unter den Tisch gefallen ist. Ob es sich noch handschriftlich wiederfinden wird? Jedenfalls ist es uns unbekannt, und haben
wir uns nach andern Anhaltspunkten umzusehen. Die Sache liegt einfach genug: Vorausgesetzt, daß Cassiodorius sich in unserem Falle nicht
irrt, wie er sich nachweislich einmal geirrt hat, daß ihm also ein wirklich
von Ambrosius geschriebener Epiphanie-Hymnus vorschwebte, so kann dies
nur der Hymnus Illuminans altissimus sein; denn die Kirche des Ambrosius hat nie einen andern Epiphanie-Hymnus gekannt als diesen, und
kein anderer trägt wie dieser das Gepräge desselben. Mit anderen Worten,
der auch ohne Cassiodorius' Zeugniß als ambrosianisch erkennbare Hymnus
erhält durch dessen Worte eine Bestätigung seiner Echtheit.

---

[1] Auch bei *Migne* XCVI, 230. 231. 234; eine weitere ebenda col. 223.

2. Welche Hymnen sind historisch als von Ambrosius herrührend beglaubigt? 37

Wir haben aber einen doppelten Einwand zurückzuweisen. Der erste findet in Kraus, „Realencyklopädie der christlichen Alterthümer" (I, 494), s. v. „Feste", folgende Formulirung: „Ganz vereinzelt wird die wunderbare Speisung als Mitgegenstand zu unserem Festgegenstande gezogen und darum der Tag Phagiphania genannt; so in der citirten Stelle bei Pseudo=Augustin (App. V. 244, ed. Bened.). Diese Festvorstellung von der Brodvermehrung findet sich auch in dem dem hl. Ambrosius zugeschriebenen Hymnus Illuminans altissimus, der sich gerade wegen dieser Festbeziehung als unecht und jünger erweist, während ihn noch Ebert (Geschichte der lat.=christl. Literatur, S. 366) für echt ansieht." Gewährsmann für diese Behauptung ist Kayser, bei dem wir die folgende Begründung dieses Urtheils finden[1], die noch ein weiteres Moment herbeizieht. Nachdem er auseinandergesetzt, daß das ursprünglich morgenländische Fest der Epiphanie anfänglich nur die Tauffeier Jesu zum Gegenstande gehabt, zu der sich später als zweites Festgeheimniß die Anbetung der Weisen gesellt habe, fährt er fort: „Um diese Manifestationen der Gottheit und Messianität Christi, denen in der genannten Combination die Festesbeziehung galt, zu der heiligen Dreizahl zu erheben, wurde im Abendlande noch eines der ersten Wunder Christi, wodurch er sich als Herrn der Natur kundgab, hinzugezogen. Meistens faßte man die wunderbare Verwandlung von Wasser in Wein auf der Hochzeit zu Kana ins Auge. Darum hieß das Fest denn auch ‚Bethphanie', eine Bezeichnung, in der ‚Beth' (= Haus) auf das galiläische Hochzeitshaus hindeutet. Die erste Erwähnung dieses dritten Gesichtspunktes finden wir zu Anfang des fünften Jahrhunderts bei Maximus von Turin. Er sagt in seiner 23. Homilie: ‚Bei der heutigen Feier haben wir uns über mannigfache Festlichkeit zu freuen. Heute soll Christus, unser Heiland, einmal unter Leitung des Sterns von den Heiden angebetet sein, dann, zur Hochzeit geladen, Wasser in Wein verwandelt, ferner durch die von Johannes empfangene Taufe die Fluthen des Jordans geheiligt haben.'" Hierauf wird der Phagiphanie Erwähnung gethan, ganz in derselben Weise wie bei Kraus. In einer Anmerkung S. 369 wird noch bemerkt: „Wir haben früher den Epiphanienhymnus Iesus refulsit omnium angeführt und bemerkt, daß derselbe dem hl. Hilarius von Poitiers nicht zugeschrieben werden könne, weil zu dessen Zeit die drei Festbeziehungen von Epiphanie, welche darin ganz ausgeprägt vorliegen, sich

---

[1] Beiträge I, 368 ff.

noch nicht fixirt hatten. Hier haben wir den Beweis dafür geliefert"; und etwas weiter: „Der Epiphanienhymnus Illuminans altissimus rührt schwerlich von Ambrosius her." S. 370 wird dagegen einfach gesagt, dieser Hymnus sei „mit Unrecht dem Ambrosius zugeschrieben worden".

Erwidern wir zunächst auf die der Phagiphanie entnommene Einrede. Es ist unrichtig, daß in dem Hymnus des Ambrosius die Brodvermehrung als viertes Festgeheimniß erwähnt wird. Der durchsichtige und symmetrische Bau des Hymnus zeigt vielmehr, daß er nur drei coordinirte Festgeheimnisse kennt, von denen das dritte an ein ähnliches Wunder des Herrn erinnert, welches vergleichsweise herangezogen wird. Die drei coordinirten Festgeheimnisse werden auch in drei coordinirten Sätzen angeführt, die mit derselben Partikel eingeleitet werden: *Seu* mystico baptismate.... *Seu* stella partum virginis.... *Vel* hydriis plenis aquae etc. Dann wird zum Vergleich auf die Brodvermehrung verwiesen mit den Worten: So, ähnlich ging es ein anderes Mal: Sic quinque milibus virum etc [1]. „Con questo *sic* Ambrogio ci fa accorti, che per digressione, con argumento *a simili* dà bella luce al miracolo del vino di Cana col celebrare l'altro pari miracolo della moltiplicazione dei cinque pani." So Biraghi [2]. Wer das nicht annehmen will, dem sei erwidert, daß die Authenticität des Hymnus auf bessern Gründen ruht als die Behauptungen betreffs der sogen. Phagiphanie, daß er somit letztere nach ersterem zu berichtigen hat, nicht aber den Hymnus zu verwerfen, weil derselbe unbewiesenen Aufstellungen entgegensteht.

Erwidern wir an zweiter Stelle auf die der Bethphanie entnommenen Einwände. Maximus von Turin ist der erste Abendländer, der das Wunder von Kana im Festgeheimniß von Epiphanie kennt, folglich ist der Hymnus Illuminans altissimus nicht von Ambrosius. Mit mehr Recht sage ich: Der Hymnus ist echt, folglich ist Maximus nicht der erste, sondern Ambrosius. Ferner hat Maximus außer der von Kayser

---

[1] Ganz so *Petrus Chrysologus*, Sermo 160, de Epiph. 5 (*Migne* LVII, 622): Aquam transfert in vinum, ut divinitatis in vigore naturae nostrae proficiat hebetudo. Nam qui panes quinque fragmento profluo et furtivo incremento ad quinque milia hominum tetendit et dilatavit saginam, potuit augmentis succrescentibus ad nuptiarum festa vini ampliare et perpetuare mensuras. Also kommt — denn was dem einen recht, ist dem andern billig — die Phagiphanie entweder auch bei Petrus Chrysologus vor, oder auch bei Ambrosius nicht vor.

[2] A. a. O. S. 57.

citirten noch andere Homilien auf Epiphanie gehalten. In der ersten derselben sagt er nun ausdrücklich, daß schon vor seiner Zeit an diesem Tage das Wunder von Kana gefeiert wurde; denn er beruft sich dafür auf die paterna traditio: „Verum nec minus etiam nobis exsultandum est, eo quod in hac sacratissima diei huius celebritate, *sicut paterna traditione instruimur*, ipse Christus Dominus noster ad terrenas invitatus nuptias advenerat, non ut illo delectaretur convivio, non ut se vino inebriaret; sed ut nuptiarum se esse demonstraret auctorem easdemque sanctificans divina ipsius innotesceret virtus, quando nuptiantibus, quod ipsis defecerat vinum, ipse dedit."[1] Endlich ist Maximus nicht einmal der erste zu nennen bei dem wir auf die Krüge von Kana stoßen. Auch Petrus Chrysologus kennt die Bethphanie, der bereits drei Lustra zu den Todten gehörte, als Maximus 465 auf der zu Rom abgehaltenen Kirchenversammlung anwesend war. So beginnt er seinen Sermo 157: Dominicae festivitates causas suas suis vocabulis eloquuntur; nam sicut nascendo Christus diem dedit natalem et resurgendo resurrectionis diem dedit, sic lumine signorum diem suae illuminationis ostendit. Qui enim nascendo ante humano corpore se velavit, postea operando ipse se coelesti revelavit arcano: post Deus ipse apparuit *trino modo*, qui homo in partu patuit singularis. Merito ergo solemnitas praesens Epiphaniae vocabulo nuncupatur, in qua illuxit deitas, quae nostra nobis obscurabatur in carne. Ista est fratres, ista est festivitas, quae concepta tempore diversa peperit *tria deitatis insignia*. Und weiter hinten: Per Epiphaniam Christus in nuptiis aquas saporavit in vinum. Ebenso kennt Paulin von Nola alle drei Geheimnisse, wenn er Carm. XXVII, 45 sqq. singt:

>Ut veneranda dies cunctis, qua virgine natus
>Pro cunctis hominem sumpsit Deus; atque deinde
>Qua puerum stella duce mystica dona ferentes
>Suppliciter videre magi; *seu* qua magis illum
>Iordanis trepidans lavit tingente Ioanne;
>*Sive* dies eadem magis illo sit sacra signo
>Quo primum Deus egit opus, cum flumine verso
>Permutavit aquas praedulcis nectare vini.

Der zweite Gegenbeweis, den wir zu beseitigen haben, ist der Daniels. Ihm zufolge rührt nicht der Hymnus Illuminans altissimus von

---

[1] Hom. XVII. de Epiph. 1. *Migne* LVII, 260.

Ambrosius her, sondern der Hymnus Illuxit orbi iam dies. Welches ist sein Beweis? Das in Frage stehende Lied hatte Mone (I, 77) in der Trierer Handschrift 1418 (Mone setzt dieselbe ins achte Jahrhundert) gefunden. Er begleitet es mit folgender Anmerkung: „Ein altes und seltenes Lied, denn es ist aus dem fünften Jahrhundert, und ich habe es sonst nicht angetroffen. Dieser Hymnus hat die genaue metrische Form wie Illuminans altissimus, aber nicht die gedankenreiche Kürze, wodurch sich die Lieder des hl. Ambrosius auszeichnen. Vers 12 kommt auch in dem Hymnus des Sedulius vor. Ich halte jedoch obiges Lied, weil es metrisch richtiger ist, für älter als den Hymnus des Sedulius." Hieran knüpft Daniel nun folgende Ausführung: „Accedit aliud quid ad antiquitatem carminis comprobandam. Celebrat Epiphaniam uti baptismum Christi et virtutum eius natalem; contra magorum nulla iniicitur mentio. Quod cum antiquissimi temporis tum orientalis ecclesiae vel Ambrosianae iure dixeris indicium. Nam ecclesia Romana a saeculo quinto medio adorationem a magis factam uno cum baptismo et miraculis celebrare consuevit. Superat carmen Sedulii, immo Prudentii aetatem. Porro si Sedulius mutuatus est verba *mutavit unda originem,* haec ipsa imitatio, ut est apud hymnographos, insinuat carminis auctorem celebratissimum. Neque amplius de Ambrosio dubitandum est hymni parente si meditamur locum Cassiodori in Ps. 74, 8 (folgt das obige Citat). Sane editores Maurini intelligunt hymnum: *Illuminans altissimus,* sed disputatio eorum satis imbecilla est. Exscriptis verbis Cassiodori (quae ad carmen suprascriptum pertinere nemo non videt) haec habent: *Ex hymnis autem duobus, quibus mysterium Epiphaniae etiam nunc habetur, alter quem in eius diei officio canit ecclesia, Sedulii est, alter vero in breviariis ordinis Cisterciensis nec non in postremis Ambrosianorum operum editionibus exstat. In quem cum aptissime quadrent citata verba Cassiodori non dubitavimus eundem inter legitimos tanti doctoris foetus admittere.* At nos vehementer dubitamus. Iam novimus carmen, in quod verba Cassiodori optime quadrant, nec moramur priores Ambrosii editores a critica diligentia satis alienos. Si rem ad vivum resecamus, Maurini duos tantum noverunt Epiphaniae hymnos: alter Sedulii est, ergo necesse est, ut Cassiodorus respiciat alterum. Itaque nobis persuasum est, Monium Ambrosii carmen feliciter investigasse, et ipse, opinor, huic sententiae plaudet. Nam quod desiderat aliquo modo poeticam Ambrosii virtutem, non tanti ponderis est, ut argumentorum molem divellere queat."[1] Ist die Beweisführung der Mauriner schwach, was wir gerne zugeben[2], dann steht aber die moles argumentorum Daniels auf thönernen Füßen, gleich der bekannten Statue des Propheten. Ich kann aus dieser Moles nur einen wirklichen Beweis herausschälen: Ecclesia Romana a saeculo quinto (dem Sinne nach ist zu ergänzen: *non nisi* a saeculo quinto) medio adorationem per magos factam una cum baptismo et miraculis celebrare consuevit. Vor der Hälfte des fünften Jahrhunderts feierte sie nur die Taufe und die Wunder. Folglich ist der Hymnus Illuminans altissimus, der die Magier kennt, später als diese Zeitgrenze, mithin nachambrosianisch; der Hymnus Illuxit orbi iam dies, der die Magier nicht kennt, ambrosianisch und folglich der von Cassiodor gemeinte. Nicht uninteressant! Eben argumentirte Kayser: Illuminans altissimus kennt außer der Taufe und den Magiern noch das Wunder von Kana, also ist er jünger als Ambrosius; denn erst waren die Magier, und erst Maximus bringt uns die Krüge. Jetzt argumentirt Daniel: Illuminans altissimus kennt außer der Taufe und dem Wunder von Kana noch die Magier, also ist er jünger als Ambrosius; denn die Magier kommen erst saeculo quinto medio ins Abendland. Das eine ist so wahr wie das andere. Augustin kennt in allen seinen Predigten auf Epiphanie die Magier; dieselben sind also etwas früher ins Abendland gekommen, als Daniel meint. Ferner hat den Hymnus Illuxit orbi die mailändische Kirche nie gekannt. Endlich hat Mone durchaus recht, wenn er den Stil des Ambrosius in seinem Findlinge nicht zu entdecken vermag: „Eppure basta leggerlo attentamente," meint Biraghi, „per trovarvi stile facile, bonario, ben lontano dal nerbo ambrosiano e più con versi d'altrui e con frasi non teologiche."[3] Damit können wir füglich die Sache dieses Hymnus als für erledigt und wohl auch Sedulius von dem Vorwurfe des Verseplünderns gereinigt ansehen.

---

[1] Daniel IV, 12 f.

[2] Das einzig schließende Moment ihrer Beweisführung, dessen Tragweite Daniel nicht ahnt und sie selbst vielleicht nicht gekannt haben, ist der Umstand, daß ihr Hymnus im Cistercienser-Brevier steht; denn im Usus dieses Ordens hatten sie eben den mailändischen Usus vor sich.

[3] Inni sinceri p. 60. Dagegen hat Biraghi unrecht, wenn er meint, der Hymnus sei probabilmente di uso privato, und wenn er sagt: Fatto è che questo Inno rimase ignoto alle Chiese, sicchè fu ignorato anche dal Card. Tommasi che da Codd. svariatissimi e vetustissimi ha raccolto un duecentocinquanta Inni antichi di ogni Chiesa e autore. Thatsache ist, daß der Hymnus in Italien vorkommt, wenn auch rarissime; so z. B. Cod. Vatican. 7172, fol. 27 a.

Cassiodorius erwähnt noch eines andern Hymnus als von Ambrosius verfaßt in Ps. 101, 1: Hinc etiam sancti Ambrosii secundum Apostolum horae sextae roseus ille hymnus redoluit; ait enim:

> Orabo mente Dominum,
> Orabo simul spiritu,
> Ne vox sola Deo canat
> Sensusque noster alibi
> Ductus aberret fluctuans,
> Vanis praeventus casibus [1].

Es ist aber dies ein Bruchstück des Hymnus Bis ternas horas explicans (*Daniel* I, 23). Wenn Daniel (IV, 16) von demselben sagt, er werde multis de causis dem Ambrosius zugeschrieben, so ist das gerade Gegentheil richtig: er muß multis de causis Ambrosius abgesprochen werden, vor allem, weil er nicht zum constanten mailändischen Hymnenstock gehört; zweitens weil er ganz und gar nicht den Stil des Ambrosius verräth; drittens weil er in den Versen

> Ut septies diem vere
> Orantes cum psalterio

sieben canonische Tagzeiten voraussetzt, eine Voraussetzung, die für Ambrosius' Zeit noch nicht zutrifft; viertens weil er augenscheinlich monastischen Ursprunges ist; denn aus unsern Handschriften enthält ihn nur Vaticanus-Pontida, der eine monastische Handschrift ist; die Regel Aurelians von Arles kennt ihn, und die Anrede: nos ergo nunc confamuli, die in einem vom ganzen Volke gesungenen Liede — solche Lieder waren die Hymnen des Ambrosius — schlecht passen würde, weist darauf hin. Aus ähnlichen Gründen muß auch, um dies nebenbei zu bemerken, der Hymnus Ter hora trina volvitur abgelehnt werden, der auch in Cod. Vatican. 82, aber auch in Cod. Vatican. Reg. 11 sich findet. Dieser Hymnus trifft den Ton des Ambrosius etwas besser, ja man sieht mühelos das Bestreben der Nachahmung an Versen, wie Novata saecla crederes (Ambrosius: Vetusta saecla vidimus). Daß der Hymnus weder im Vaticanus 82 noch im Vatican. Reg. 11 den Namen des Ambrosius trägt, sondern daß Thomasius ihn suo Marte dem Mailänder Bischofe beigelegt, ist schon oben erwähnt worden.

Es erübrigt als letztes das Zeugniß des Beda rücksichtlich des Hymnus Aeterna Christi munera. Wir haben schon oben bemerkt, daß

---

[1] *Migne* LXX, 707.

und warum dasselbe weder ganz von der Hand zu weisen noch auch mit ganzer Bestimmtheit zuzulassen ist. Es ist ein Beweismoment, aber weder selbständig noch durchschlagend. Und damit wäre alles erwähnt, was sich an Citaten bei den ältern christlichen Schriftstellern vorfindet.

3. Welches sind die metrischen und stilistischen Eigenthümlichkeiten des Dichters Ambrosius?

Wir sind durch das unanfechtbare Zeugniß Augustins in der glücklichen Lage, uns an vier zweifellos echten und von allen anerkannten Hymnen des Ambrosius einen Begriff von seiner dichterischen Erfindung, dem Ausdrucke seines Gedankens und seiner Empfindung, der äußern Erscheinung seiner poetischen Formen zu bilden, wodurch wir ein inneres Kriterium gewinnen, echte Hymnen desselben als solche zu erkennen und von unechten zu unterscheiden.

Beginnen wir mit der äußern Form, dem Metrum, so ergibt sich auf den ersten Blick, daß sämtliche Hymnen in einer und derselben Versart, dem jambischen Dimeter, geschrieben sind und aus je acht vierzeiligen Strophen bestehen. Wir haben auch bereits gesehen, daß diese Gedichtform später schlechthin metrum Ambrosianum hieß, Hymnen, die in derselben abgefaßt wurden, hymni Ambrosiani genannt wurden. Es muß daher jeder Hymnus, der in einem andern Versmaße geschrieben ist, als unecht zurückgewiesen werden; müßte dies wenigstens so lange, bis durch unwiderlegliche Beweise das Vorhandensein einer Ausnahme festgestellt wäre, was nicht der Fall ist. Ein äußerst brauchbares Kriterium ist auch die Zahl von genau acht Strophen. Die gerade Zahl der Strophen war schon durch die antiphonarische Vortragsweise des Hymnus wenn nicht geboten, so doch nahe gelegt. Ob die von Ambrosius sehr weise angenommene Achtzahl der Strophen, welche von allzu großer Länge und Kürze gleichmäßig entfernt ist, eine Ausnahme zuläßt oder nicht, ist eine Frage, die uns später noch beschäftigen wird. Gewiß ist, daß dieselbe nicht nur für die Hymnen des Ambrosius, sondern auch für die seiner Nachfolger noch lange die Regel blieb. So haben z. B. die sämtlichen Hymnen des Ennodius ebenfalls 32 Verse in acht Strophen, auch Hymnus VIII, der einzige, der nicht in jambischen Dimetern abgefaßt ist [1].

---

[1] Hymnus 10 ist bei *Migne* LXIII, 332 unvollständig, vollständig in Corpus Scriptt. eccl. VI, 552 sq.

Wenn Beda (De arte metrica 11) bemerkt: Hymnos vero, quos choris alternantibus canere oportet, necesse est singulis versibus ad purum esse distinctos, so spricht er damit eine berechtigte Forderung aus; wenn er aber hinzufügt: ut sunt omnes Ambrosiani, so ist er mit seiner Behauptung, man mag das Wort Ambrosiani verstehen wie man will, im Irrthum. Wohl ist es die Regel, daß das Ende der Strophe mit einem Satzende zusammenfällt, allein die Regel ist nicht ohne Ausnahme, auch bei Ambrosius nicht. Selbst diese vier Hymnen, die uns einstweilen nur zu Gebote stehen, sind nicht ohne ein Beispiel. In dem Hymnus Deus creator omnium fällt das erste Satzende erst mit dem Ende der dritten Strophe zusammen, die ganze zweite Strophe füllt ein finaler Nebensatz aus. Ambrosius hat sich also nach dem Muster klassischer Odendichter das sogen. enjambement der Strophen, soweit es mit den Forderungen der Antiphonie sich einigermaßen vereinigen ließ, gestattet; hierin, wie in so vielem andern, ist ihm Ennodius gefolgt. Aus diesem Umstande schließen wollen, die Hymnen des letztern seien nicht für den liturgischen Gebrauch berechnet gewesen, sondern für die Privatlectüre, ähnlich wie die Dichtungen des Prudentius, heißt entschieden zu weit gehen. Hätte sich Ambrosius jede Verkettung der Strophen versagt, so hätte sich zweifellos Ennodius nicht die Freiheit genommen, die wir beobachtet. Vorkommendes enjambement kann also auch kein Grund sein, um ein Lied dem Ambrosius abzusprechen.

Wie Ambrosius dazu kam, gerade den jambischen Dimeter für seine Lieder zu wählen, ist eine Frage, die hier abseits unseres Weges liegt. Ebert meint, es sei „der Jambus kein ursprünglich volksmäßiges lateinisches Versmaß, wohl aber, und zwar der Dimeter, in dem Zeitalter des Ambrosius ein Modeversmaß der Literatur" gewesen, und führt weiter aus: „In betreff der Wahl des Versmaßes mit Einschluß der Strophenbildung ist, glaube ich, für Ambrosius das Beispiel des Hilarius maßgebend gewesen, schon weil man Hilarius sonst wohl Hymnen in der Form der ambrosianischen nicht beigelegt haben würde. Wahrscheinlicher aber dünkt mir, daß derselbe das Versmaß dem der griechischen Hymnen der Arianer des Morgenlandes nachgebildet hat, das freilich auch direct auf Ambrosius influiren konnte."[1] Dagegen gelangt Huemer, wie mir scheint, mit ungleich mehr Grund zu der Meinung, „daß Hilarius und Ambrosius bei Einführung dieses Metrums in die Hymnenpoesie nach

---

[1] A. a. O. S. 181 f.

fremden Mustern sich umzusehen nicht nöthig hatten"[1]. Wenn man Inschriften liest wie diese:

> Gaetula harena prosata
> Gaetulo equino consita
> Cursando flabris compara.
> Aetate abacta virgini
> Speudusa Lethen incolis[2],

dann sieht man schlechterdings nicht ein, warum Ambrosius bei den Arianern des Morgenlandes holen sollte, was er vor seiner Thüre finden konnte, von den Arianern, über deren Hymnen wir, nebenbei bemerkt, absolut nichts wissen. Er wählte ein bereits vorhandenes Versmaß, das, wenn es nicht schon volksthümlich war, jedenfalls im höchsten Grade geeignet war, dies zu werden, nicht am wenigsten durch den Umstand, daß die vierzeilige Strophe durch ihre Kürze vor Ermüdung schützte, ohne durch allzu große Kürze dem antiphonarischen Gesange das Gepräge des Zerrissenen und Zerhackten zu geben.

Es fragt sich für uns, wie Ambrosius sein Metrum handhabte, welche Gesetze er sich vorzeichnete, welche Freiheiten er sich erlaubte. Die Mauriner motiviren die Aufnahme des Hymnenfragmentes Fit porta Christi pervia trotz einzelner prosodischer Mängel damit, daß „in hymnis eius indubitatis huiusmodi errata reperire sit, *sed non frequentia*". Ebert dagegen: „Was von der größten Bedeutung, das Metrum ist mit aller Sorgfalt beobachtet, die Quantität genau gewahrt, der Hiatus durchaus vermieden, selbst der Spondeus nur an erster und dritter Stelle zugelassen."[3] Ebert hat recht, und doch ist sein Satz outrirt, doppelt outrirt, wenn er als Maßstab benutzt werden soll, um echte und unechte Hymnen des Ambrosius zu unterscheiden und einen Hymnus zu verwerfen, weil er vielleicht einen oder auch zwei Hiatus, eine Kürzung einer Länge oder eine Längung durch die Arsis aufweist. Zu einem solchen Vorgehen ist denn doch ein Untersuchungsmaterial von ganzen vier Hymnen à 32 kürzesten Zeilen eine viel zu schmale Grundlage. Man denke sich, was aus Ovid oder Virgil als unecht müßte verworfen werden, wenn uns von jedem nur eine minimale Zahl zufällig besonders licenzenarmer Verse erhalten wären und wir aus denselben abstrahirten, welche Licenzen bei ihnen vorkommen dürfen und welche nicht. Was wir aus unsern vier

---

[1] A. a. O. S. 7. [2] Huemer a. a. O. S. 27.
[3] A. a. O. S. 181.

Hymnen abstrahiren dürfen und müssen, ist, daß Ambrosius so gut wie Prudentius ganz und voll auf dem Boden der klassischen Kunstmetrik steht; nicht das mindeste Recht aber geben sie uns zu dem Wahne, Ambrosius habe sich jede poetische Licenz versagt, selbst jene, welche die besten Dichter des augusteischen Zeitalters sich scrupellos erlaubten. So stellt Biraghi, man wird zugeben müssen, mit der Besonnenheit eines kritischen Geistes, seine These: „Ma come i Classici si presero loro buone licenze poetiche, ed Ambrogio se le prese pure … Tuttavia egli non usò che quelle licenze già usate dai Classici." Das ist im Grunde genommen dasselbe, was auch die Mauriner sagten, wenn man nur statt des Wortes Fehler (errata), das wirklich nicht am Platze ist, das Wort Licenz setzt.

Welches sind die Licenzen, denen wir bei Ambrosius begegnen? Beginnen wir mit denen, welche speciell die Behandlung des jambischen Dimeters betreffen. Die erste Licenz besteht in der Ersetzung des reinen Jambus:

> Věnēnă Mēděāē vălēnt. Hor. Epod. 5, 62.
> Pōtēntĭām tŭam ēt vēnī. Ambros.,

an den ungeraden Stellen des Metrums durch andere Füße, und zwar entweder durch Spondäen:

> Aptantur ēnsēs conditi. Hor. Epod. 7, 2.
> Ostende pārtūm virginis. Ambros.,

oder durch Anapäste:

> Mīsěrēre tu felicium. Mart. Ep. I, 50, 38.
> Gěmĭnāē gigas substantiae. Ambros.

> Cum fama quod sătĭs ēst habet. Mart. I, 50, 42.
> Intende, qui rěgĭs Israel. Ambros.

Hierzu tritt noch die Ersetzung einer Arsis durch doppelte Kürze:

> At ěgŏ vĭcīssīm risero. Hor. Epod. 15, 24,

wofür freilich in den vier durch Augustin beglaubigten Hymnen ein Beispiel nicht vorhanden, wohl aber in dem Hymnus auf Gervasius und Protasius, der, wie wir später sehen werden, sich selbst das beste Echtheitszeugniß ist:

> Martўrĭbŭs īnvēntis cano.

Eine zweite Gattung von Licenzen setzt sich aus solchen zusammen, die von der Form gerade dieses oder jenes Metrums unabhängig sind.

Biraghi reducirt sie auf drei: Hiatus, Längung (von Endsilben) durch die Arsis, Längung (von Endsilben) durch Position, wenn beide Consonanten dem folgenden Worte angehören.

Von Hiatus ist in den vier Hymnen, die uns beschäftigen, kein sicheres Beispiel vorhanden. Zwar lesen alle Handschriften, bei Biraghi wie bei Mone, mit Ausnahme einer einzigen:

Ne hostis invidi dolo;

allein da Cod. Vatican. Reg. 11, die älteste, wenngleich nichts weniger als fehlerfreie Quelle,

Nec hostis invidi dolo

hat, der Sinn aber beide Lesarten gleichmäßig zuläßt, so muß die Sache zweifelhaft bleiben. In keinem Falle aber gibt die Abwesenheit des Hiatus aus diesen vier Liedern uns das Recht, zu behaupten, Ambrosius habe sich denselben, strenger als selbst Virgil und Horaz, überhaupt nie gestattet, und ein vereinzelter Hiatus genüge, um ein Lied ihm abzusprechen. „Es ist eine bekannte Thatsache," sagt Huemer[1], „daß, so sehr im allgemeinen griechische wie römische Dichter den Hiatus gemieden haben, doch die einen mehr, die andern weniger von dieser Regel abwichen." Was berechtigt uns, Ambrosius für so exorbitant strenge zu halten?

Für die Längung einer kurzen Silbe im Auslaut durch die Kraft der Arsis sind glücklicherweise selbst in diesen Hymnen Beispiele vorhanden. Ebert meint[2]: „Nur einmal findet sich eine Kürze in der Arsis durch den Ictus verlängert, castús in der ersten Hymne" (V. 15):

Te diligat castús amor.

Allein es findet sich genau so in Eberts drittem Hymnus der Vers:

Qui credidit salvús erit.

Es ist übrigens kein großer Werth darauf zu legen, ob die Licenz einmal weniger oder öfter vorkommt. Genug, daß Ambrosius die Licenz gekannt und gebraucht hat. Wenn Virgil schreiben konnte und durfte:

Pectoribús inhians fumantia consulit exta,
Tityrus hinc aberát, ipsae te, Tityre, pinus,

warum sollte sich Ambrosius ein Gewissen daraus gemacht haben?

Was die dritte der vorerwähnten Licenzen betrifft, so bemerkt Huemer[3]: „Während bei klassischen Dichtern, wie Ennius, Catull, Tibull, Gratius,

---

[1] A. a. O. S. 18.   [2] S. 181, Note 1.   [3] A. a. O. S. 15.

Lucanus, und den nachaugustinischen die beiden Consonanten, welche den Anlaut des folgenden Wortes bilden, nur in wenigen Fällen meist mit bestimmter poetischer Tendenz[1] den vorhergehenden kurzen Schlußvocal längen, finden wir im erwähnten Falle bei den Hymnendichtern viele Beispiele der Längung neben Fällen, wo diese nicht eintritt." Das heißt mit andern Worten, diese Dichter hielten sich in diesem Falle frei, die Silbe als Positionslänge zu gebrauchen oder nicht. Warum auch nicht, da sie bei Virgil lasen:

Ferte citi ferrum, date telā, scandite murum.

Uebrigens kommt für uns wenig auf die Sache an, da sie bei Ambrosius in diesen vier Hymnen gar nicht, in den andern nur in der Arsis vorkommt, wo also die Silbe nach der vorerwähnten Licenz auch ohne die beiden folgenden Consonanten gelängt werden könnte. In der Thesis bleibt die Silbe kurz:

Qui cordĕ Christum suscipit[2].

Was den in seinen Hymnen vorhandenen Widerstreit von Wort- und Versaccent, eine natürliche Folge des nach klassischer Manier gehandhabten Versmaßes, betrifft, so ist bei Ambrosius kein Streben ersichtlich, dieser Folge auszuweichen und beide Accente thunlichst zusammenfallen zu lassen. Wir werden wohl nicht irre gehen mit der Annahme, daß Ambrosius die Uebereinstimmung beider Betonungen weder positiv angestrebt noch auch ängstlich gemieden habe. Der ganze Mann hat so gar nichts Aengstliches, Kleinliches und Peinliches an sich, und so natürlich es ist, ihn, den echten Altrömer, seine Verse nach altrömischer Manier scandiren zu sehen, so wenig würde es zu seinem ganzen sonstigen Wesen stimmen, wollten wir ihn uns als einen zierlich zirkelnden und feilenden Verskünstler gleich Horaz denken.

In betreff des Reimes faßt Huemer seine Beobachtungen dahin zusammen: „Daraus sehen wir, daß, da mit Rücksicht auf den Vocalreim unter 32 Strophen 2 durchgereimt sind, 6 Strophen 3 Zeilen,

---

[1] Cfr. Cat. IV, 9. 18.

[2] „Ambrosius", bemerkt Huemer (a. a. O.), „steht auf dem Standpunkte der klassischen Dichter, cordĕ Christum, II, 5, 14; III, 32: orĕ psallamus (kann auch als einfacher Buchstabe ψ gelten)." Dazu kommt, daß Huemers Lesart: Et ore psallamus tibi, sich nur bei Daniel findet. Wo dieser sie her hat, vermag ich nicht zu sehen. Die einzig richtige Lesart, die durch sämtliche alten Handschriften verbürgt wird, lautet: Et ora solvamus tibi.

22 Strophen 2 Zeilen reimen, nur 2 Strophen scheinbar reimlos sind, daß der Reim von Ambrosius angestrebt, wenn auch noch nicht als ein nothwendiger Bestandtheil der Strophe betrachtet wurde."[1] Indes ist doch nicht zu übersehen, daß Reime wie die des Ambrosius sich im Lateinischen zu Dutzenden von Malen wie von selbst ergeben, ohne daß es nöthig wäre, sie eigens anzustreben; es wäre im Gegentheile eher ein besonderes Streben nöthig, wenn man sie vermeiden wollte, ein Streben, das sich durch Gezwungenheit verrathen und rächen würde. Dies Bestreben war Ambrosius fremd. Der Wahrheit dürfte wohl am meisten die Annahme entsprechen, der Reim sei Ambrosius gleichgiltig gewesen, er habe denselben weder absichtlich gesucht noch auch absichtlich gemieden.

Mit dieser metrischen Untersuchung standen wir auf dem eng umschriebenen Gebiete der vier oft erwähnten Hymnen. Sie sollte uns ja ein Mittel sein, weitere Hymnen auf ihre Echtheit zu prüfen. Letztere Arbeit als vollendet vorausgesetzt, würde die Untersuchung schon ein weiteres und darum dankbareres Feld haben. Die Resultate dieser zweiten Untersuchung würden indes etwas wesentlich Neues nicht zu Tage fördern, sondern nur neue Beispiele, neue Bestätigung des Gesagten bieten.

Von der Metrik des Ambrosius wenden wir uns zu seinem Stil. Derselbe ist in seinen Hymnen nicht minder als in seinen prosaischen Werken ein höchst ausgeprägter. Kürze, Kraft, Prägnanz, das sind seine Haupteigenschaften. „Der Heilige", so Biraghi, „hat eine äußerst bezeichnende Schreibweise, die durchsichtig und klar, zuweilen lieblich dahinfließt, stets edel, oft in großartiger, ja gewaltiger Weise sich erhebt, wie es einem Manne von solchem Adel der Geburt und so einflußreicher Lebensstellung ansteht. Es eignet ihm außerdem eine wunderbare Gedrängtheit der Ideen und auffallende Kürze des Satzbaues, eine in etwa gesuchte Eleganz und Fremdartigkeit des Ausdrucks. Dasselbe läßt sich von seinen Hymnen sagen. Er wandelt in ihnen nicht die anmuthigen und blumigen Pfade anderer Dichter, er verfolgt vielmehr große dogmatische Gedanken; er erschwingt sich zu den Mysterien der Dreifaltigkeit, zu den Geheimnissen des Himmels, zu den erhabenen Lehren des Evangeliums, den Großthaten des Christenthums; sein Gefallen an kräftigem Schwunge und satten Farben läßt ihn die lebendige, volksthümliche Ausdrucksweise der Schrift der eines geblümten und verzierten Stiles vorziehen. Seine Hymnen gleichen den Schriftzügen einer altchristlichen Inschrift auf marmorner

Tafel; mit nur wenigen kurzen Versen verstehen sie tiefe und dauernde Eindrücke zu erzielen. Da ist scheinbar kein Feuer zu bemerken, und doch brennt es verborgen im Innern; da sprühen keine Flammen, und doch fühlt man die Gluth nüchterner, ernster, überirdischer Begeisterung. Mehr als die Anmuthungen zärtlicher Frömmigkeit kommen in ihnen die Kraft des Kreuzes, der Muth des Glaubens, der Sieg des Evangeliums über die Welt zum Ausdrucke. Wie kann man angesichts dessen mit dem Namen eines solchen Autors Hymnen in Verbindung bringen, die fromm und gefühlvoll sind, ja, aber ohne Mark, ohne dogmatischen Inhalt, ohne erhabene Ideen? Ist doch sein Stil so bezeichnend, so auffällig, daß er allein fast ein hinreichendes Unterscheidungszeichen für seine Werke bildet." [1] Aehnlich trachtet Förster den Stil, die dichterische Eigenart des Ambrosius zu schildern: „Im Unterschiede von der Ueberschwänglichkeit und Breite der griechischen Hymnen, welche bisweilen etwas einseitig Rhetorisches gewinnt und uns nicht immer natürlich erscheint, athmet die Sprache des Ambrosius die ihm eigene Würde, Einfachheit und sittlichen Ernst, welche, wie Böhringer richtig bemerkt, weniger die Phantasie — wie jene — als das Gefühl kräftig bewegt. Ambrosius redet nicht in neuen, überraschenden Wendungen und in elegantem dichterischen Schmuck, aber er spricht mit würdevollem Ausdruck das aus, was die ganze Gemeinde glaubte und mit ihm bekannte: es sind Lieder des schlichten christlichen Glaubens, aus einem innerlich tief überzeugten Herzen geflossen, das den

---

[1] Il Santo ha uno stilo tutto suo proprio, il quale, mentre scorre limpido e talora dolcissimo, elevasi nobile, grandioso, forte, quale si conveniva a un personaggio di quella nobilità ed altura di stato; e inoltre presenta meravigliosa densità di sentenza e singolare brevità di periodo, e tal quale studiata eleganza e peregrinità di frasi. Il che hassi a dire pur anche de' suoi Inni. Egli non si abandona alle facili, amene idee dei poeti: segue pensieri grandi, dommatici; s' innalza alla Trinità augusta, ai misteri del cielo, alla sublime morale del Vangelo, alle grandezze cristiane, con gagliardi slunci, con tinte robuste, preferendo le vive e popolari espressioni scritturali a quelle di uno stilo fiorato di grazie. I suoi Inni sono come le lettere di una sacra epigrafe antica in marmoreo cippo: sono pochi versi, ma lasciano una profonda impressione. Non vi si vede passione, ma la ci è nel fondo; non ne scintillano fiamme, ma vi si trova l' ardore di un entusiasmo calmo, severo, sopranaturale; e più che l' affetto di tenera pietà, vi signoreggia il coraggio della croce, la potenza della fede, la vittoria del Vangelo sul mondo. Poste le quali cose, come si potrebbe fregiare del nome di tanto Autore Inni divoti sì e affettuosi, ma senza nerbo, senza viste dommatiche, senza pensieri elevati? Il suo stilo è tanto grafico e spiccato, que quasi esso solo basta a contradistinguere le di lui produzioni. L. c. p. 8.

Werth des christlichen Bekenntnisses selbst lebendig erfahren hatte. Aber das subjective Empfinden tritt hier wie in den Liedern Luthers zurück, sie tragen durchaus das Gepräge kirchlicher, ja liturgischer Objectivität; es sind Lieder der christlichen Glaubensenergie mit dem Grundton der weltüberwindenden Kraft des Evangeliums, und man kann aus ihnen den den Römern eigenen Charakterzug der feierlichen Würde herauslesen." [1]

Doch es ist ein verzweifeltes Unterfangen, durch Beschreibung die Kenntniß vom Stile eines Autors vermitteln zu wollen, so schwierig als es ist, durch einen Steckbrief die Gesichtszüge eines Menschen ad vivum zu malen. Man muß ein Gesicht gesehen haben, um es wieder zu erkennen, eine Stimme oft gehört haben, um am bloßen Klange derselben den Redenden zu errathen. So wird auch den Stil, dieses „geistige Gesicht" eines Autors, nur der Freund desselben zu unterscheiden vermögen, der in längerem Umgange mit ihm vertraut geworden. Dieselben Worte, die einem Zweiten und Dritten nichts zu sagen wissen, klingen ganz anders in seinen Ohren, so daß er aufspringt mit dem Rufe: Das war Er, das muß Er sein, nur Er kann so reden. Es ist daher gut, daß neben diesen allgemeinen, schwer zu beschreibenden Gesichtszügen eines Autors, die wir Stil nennen, sich kleinere Besonderheiten, nicht selten Auswüchse und Unarten finden, die zwar in sich oft weit weniger charakteristisch sind und weit weniger beweisen, die sich aber leichter darstellen lassen und der Beobachtung auch des Uneingeweihten sich weniger entziehen. Ist der Stil das geistige Gesicht eines Schriftstellers, so könnte man diese Eigenheiten mit jenen „besondern Kennzeichen" der Personalbeschreibung vergleichen, für welche die Polizei dankbarer ist als für die vollendetste Schilderung des Ausdrucks eines Antlitzes, dessen Bekanntschaft sie zu machen sucht. Es sei erlaubt, auf einige solche Kennzeichen aufmerksam zu machen.

Es gibt Naturen, und meist sind es durch Schärfe des Verstandes ausgezeichnete Naturen, die, wenn sie einmal einem Gegenstande gründlich nachgedacht haben, denselben so erschöpfen, daß ihr Verstand darin etwas Neues nicht mehr zu finden vermag. Ja es ist ihnen kaum möglich, denselben auch nur von einer andern Seite aufzufassen. So oft sie auf denselben Gegenstand zurückkommen, sind es dieselben Ideen, dieselben Ideenverbindungen, die sich ihnen aufdrängen, meist noch in demselben oder doch fast gleichlautendem Ausdrucke. Denn der Ausdruck, in dem sich einmal ihre Ideen verkörpert, krystallisirt haben, erscheint ihnen so sehr als

---

[1] A. a. O. S. 265.

der beste, der bezeichnendste, daß sie sich zu einem andern, neuen nicht leicht entschließen. Zu diesen Geistern gehörte Ambrosius. Daher der Umstand, daß er sich wiederholt, um nicht zu sagen ausschreibt, wenn er von ungefähr auf einen Gegenstand zurückkommt, den er schon früher behandelt hat. Ein Beispiel:

In Lucam X, 129:	De instit. virg. VII, 46:	Epist. ad Vercellen. n. 109:
Quod non otiose Iohannes pluribus prosecutus est: alii enim mundum descripsere concussum, coelum tenebris obductum, refugisse solem... Iohannes ergo, qui plenius divina penetravit mysteria, non immerito laboravit, ut quae Deum generaverat, mansisse eam virginem declararet. Solus ergo me docet, quod alii non docuerunt, quemadmodum in cruce positus appellaverit matrem, pluris putans quod victor suppliciorum atque poenarum, victor diaboli pietatis officia dividebat, quam quod regnum coeleste donabat... Quo loco uberrimum testimonium Mariae virginitatis adhibetur. Neque enim abrogatur uxor marito, cum scriptum sit, quod Deus coniunxit homo non separet, sed quae propter mysterium coniugium praetexuit, completis mysteriis iam coniugio non egebat.	Sed tamen Maria suis, non alienis moribus defendatur. Non defecit ut dixi. Ipse testis est Filius Dei, qui cum esset in cruce, discipulum matri commendabat ut filium; discipulo eam tradebat ut matrem. Docuit hoc Iohannes, qui mystica magis scripsit. Alii enim evangelistae scripserunt, quod in passione Domini terra contremuit, sol refugit, persecutoribus venia postulata est; iste dilectus Domini, qui e pectore eius hauserat secreta sapientiae et piae voluntatis arcana, ab aliis dicta praeteriens, hoc diligentius prosecutus est, ut maternae virginitatis perseverantiam suo iudicio comprobaret, quasi filius de matris pudore sollicitus, ne quis eam tanto convicio temeratae integritatis aspergeret.	Maria, mater Domini, ante crucem Filii stabat; nullus me hoc docuit nisi sanctus Iohannes evangelista. Mundum alii concussum in passione Domini conscripserunt, coelum tenebris obductum, refugisse solem, in paradisum latronem, sed post piam confessionem raptum. Iohannes docuit, quod alii non docuerunt, quemadmodum in cruce positus matrem appellaverit, pluris putans, quod victor suppliciorum pietatis officia matri exhibebat, quam quod regnum coeleste donabat.

Ein ganz ähnliches Beispiel bietet sich uns, wenn wir eine andere Stelle des angeführten Schreibens an die Kirche von Vercelli mit einer Stelle der Psalmenerklärung zusammenhalten:

In Ps. 118. Serm. 12, 39.	Epist. ad Vercellen. n. 94.
Non potest dicere saecularis: *Tuus sum;* plures enim dominos habet. Venit libido et dicit: Meus es, quia ea, quae sunt corporis, concupiscis: in illius adolescentulae amore te mihi vendidisti; in illius concubitu meretricis pretium pro te adnumeravi. Ve-	Non quicunque ergo dicit: *Portio mea Dominus.* Non avarus dicit, quia venit avaritia et dicit: Mea portio es, ego te subditum habui, mihi servisti, mihi te in illo auro vendidisti, mihi te in possessione adiudicasti. Non dicit luxuriosus: Portio mea Christus,

3. Welches sind die metrischen und stilistischen Eigenthümlichkeiten des Ambrosius? 53

nit avaritia et dicit: Meus es; argentum et aurum, quod habes, servitutis tuae pretium est; possessio, quam tenes, iuris tui emptio, venditio libertatis tuae est. Venit luxuria et dicit: Meus es; unius diei convivium pretium tuae vitae est: ille sumptus epularum tui capitis licitatio, tui est summa contractus; et quod peius est, caro emptus es; vilior cibo es tuo: pretiosior est unius diei mensa tua quam totius temporis vita. Inter calices te redemi, inter epulas adquisivi. Venit ambitio et dicit tibi: Plane meus es. Nescis, quod ideo imperare aliis te feci, ut mihi ipse servires? Nescis, quod ideo potestatem in te contuli, ut meae te subiicerem potestati?... Ante ergo ipse subiicitur, qui alios vult habere subiectos. Veniunt omnia vitia et singula dicunt: Meus es. Quem tanti competunt, quam vile mancipium est!

quia venit luxuria et dicit: Mea portio es, ego te in illo mihi mancipavi convivio, illis te cepi epularum retibus, ego te addictum teneo gulae tuae chirographo. An ignoras, quia carius fuit mensae tuae quam vitae pretium? Tuo te iudicio revinco; nega, si potes, sed negare non potes. Denique nihil ad vitam reservasti, totum ad mensam expendisti. Non potest dicere adulter: Portio mea Dominus, quia venit libido et dicit: Ego sum tibi portio, mihi te in illius adolescentulae addixisti amore, in illius nocte meretricis in meas leges, in mea iura migrasti. Non dicit proditor: Portio mea Christus, quia statim irruit in eum nequitia mali et dicit: Fallit te, Domine Iesu; meus est iste . . . Quam multos dominos habet, qui unum refugerit!

Aehnliche Abhängigkeit, wie wir sie hier zwischen prosaischen Werken des Ambrosius vorwalten sehen, findet sich nun auch nicht selten zwischen Hymnen und andern Werken. Ist es nun gleich selbstverständlich, daß auch andere Poeten Stellen des Ambrosius benutzen, nachahmen, wenn man will, ausschreiben konnten, ist es folglich gewiß, daß eine solche Verwandtschaft an sich allein noch kein vollgiltiger Beweis für die Autorschaft des Ambrosius von einem Liede sein kann, so ist sie dies aber ganz gewiß da, wo bereits andere, sei es Beweise, sei es Beweismomente, vorliegen, wo z. B. sein Stil, seine Schreibart, seine Metrik erkannt, wo festgestellt ist, daß der Hymnus, um den es sich handelt, seit alters in der mailändischen Kirche gebraucht worden. Die verschiedenen Fälle solchen Parallelismus werden wir bei den einzelnen Hymnen aufzuführen haben.

Neben größern sind auch kleinere stilistische Eigenschaften oft von Werth. Nur einer sei Erwähnung gethan, die schon Mone (I, 223) beobachtet hat. Von dem Hymnus Hic est dies verus Dei bemerkt er, er werde mit Recht dem Ambrosius zugeschrieben, „er hat seine kernige Behandlung, auch die ihm eigene Wendung mit der Frage". Er meint die Verse:

> Quem non gravi solvet metu
> Latronis absolutio?

Ebenso ein Epiphanie-Hymnus:

>Quis haec videns mirabitur
>Iuges meatus fontium?

Ebenso ein Gervasius-Hymnus, den Mone so wunderlich verkennt:

>Quis hic requirat testium
>Fidem, ubi factum est fides?

Es ist unmöglich, sich der Wahrnehmung zu entziehen, daß diese drei Hymnen einen und denselben Autor haben. Welchen? Die Frage beantwortet der letzte der drei Hymnen zur Evidenz. Doch damit haben wir bereits uns vorgegriffen; denn keiner der drei gehört zu den vier Auserwählten, die allein uns hier beschäftigen sollten. Es ist Zeit, daß wir uns dieser Fessel entledigen.

4. Welches sind die echten Kinder der Muse des Ambrosius?

Isidor von Sevilla sagt uns, daß Ambrosius nicht wenige Hymnen verfaßt habe: copiosius in hymnorum carmine floruisse cognoscitur[1]; wir werden also etwas mehr als bloß vier Hymnen zu erwarten berechtigt sein. Das Concil zu Toledo vom Jahre 633 berichtet uns, Ambrosius habe Hymnen auf Gott, auf Apostel, auf Martyrer gemacht: nonnullos hymnos in laudem Dei atque apostolorum et martyrum triumphos[2], eine Aussage, die uns Ennodius, der die Hymnen des Ambrosius sehr wohl kennen konnte, kennen mußte und gekannt hat, bestätigt, wenn er in seinem Hymnus auf Ambrosius singt:

>Dixit *triumphos martyrum*
>Linguae virentis laureis[3].

In den vier Ebertschen Hymnen ist aber von einem Lobe der Apostel, von den Triumphen der Martyrer nirgends die Rede. Wir sind berechtigt, nach Martyrerliedern des Ambrosius zu suchen. Wo sind sie? wo sollen wir ihre Spur suchen?

Wir wissen bereits, wo allein wir sie suchen und finden können; wir haben die Mittel zurechtgelegt, mit denen wir hoffen dürfen, echte und unechte Hymnen zu unterscheiden. Wir können mithin dazu übergehen, aus den mailändischen Hymnen zunächst diejenigen zu entfernen,

---

[1] De offic. eccl. I; 6.   [2] Labbe VI (Venet. 1729), 1455.
[3] Carm. l. I, 15, hymn. 1, 15 sq., ed. Hartl, p. 547.

welche von Ambrosius nicht herrühren können. Hierbei kann uns Ennodius, von dem wir hervorhoben, daß er die Hymnen des Ambrosius wohl kannte, noch in anderer Weise behilflich sein. Es ist eine feine Beobachtung Biraghis, mit der er unläugbar sich im Rechte befindet, daß Ennodius in seinen Hymnen keinen Gegenstand wiederbehandelt hat, der von Ambrosius bereits behandelt war. Offenbar hat ihn die Absicht geleitet, mit seinen Hymnen von Ambrosius gelassene Lücken auszufüllen. Das Glück hat ihm indes nicht gelächelt, seine Hymnen wurden in die mailändische Liturgie nicht aufgenommen. In dem schon eingangs erwähnten Gedichte, in dem er seine Heimreise von Rom (502) besingt[1], theilt er seinen Entschluß mit, Ambrosius nachzueifern:

> Cantem, quae solitus, dum plebem pasceret ore,
> Ambrosius vates carmina pulchra loqui.

Daß er keine Gedichte zur Privatlectüre und zur häuslichen Erbauung schreiben wollte, geht zur Genüge schon aus der äußern Form seiner Hymnen hervor, die sich bis auf die Strophenzahl der des Ambrosius anschließt. Er wollte wirkliche Hymnen für den Gemeindegesang schreiben, und zwar augenscheinlich für Mailand, zu dessen Clerus er als Diakon des Bischofs Laurentius († 512) gehörte. Dann verstand es sich von selbst, daß er nicht Gegenstände und Gelegenheiten wählte, für die durch Ambrosius schon gesorgt war; denn wie hätte er hoffen dürfen, diesen Liebling, fast möchte ich sagen Abgott, des mailändischen Volkes aus dessen Herzen und von dessen Lippen zu verdrängen? Er mußte Neues liefern:

> Floribus et pingam carmina mea novis;

dann konnte er hoffen, daß seine Hymnen neben denen des Ambrosius in Aufnahme kamen. Warum dies nicht geschah[2], ob bloß wegen ihres geringern poetischen Werthes, ist schwer zu sagen. Wahrscheinlicher ist, namentlich weil die meisten nicht-ambrosianischen Hymnen des mailändischen Breviers mit ihrem „eisernen" Versbau auf eine spätere Zeit, 8. bis 10. Jahrhundert, weisen, daß man überhaupt noch keine Neuerungen zuließ, den von Ambrosius überlieferten Schatz so eifersüchtig bewachte, daß man nichts für würdig hielt, neben ihm aufzukommen, sich mit ihm zu vermischen, ihn zu alteriren und zu verfälschen.

[1] Carm. l. I, 6, ed. Hartl, p. 520 sqq.
[2] Ebert (S. 435, Note 2) bemerkt: „Kirchenlieder scheinen diese Hymnen nicht geworden zu sein, wie auch Daniel sie in keinem Breviarium fand." Dies ist unrichtig. Mailand hat diese Lieder nicht adoptirt, wohl aber findet man einzelne derselben in alten Hymnarien.

Was finden wir nun bei Ennodius? Einen Abendhymnus (zur Complet), Hymnen auf Himmelfahrt und Pfingsten, einen Hymnus auf Maria und von Heiligen, die Hymnen im mailändischen Breviere haben, Lieder auf Stephanus, Nazarius, Dionysius, Martinus, Ambrosius. Was suchen wir vergeblich? Hymnen für andere Tagzeiten, Hymnen auf Weihnachten, Epiphanie, Ostern. Warum versagte sich Ennodius diese Hauptstoffe, an die ein christlicher Hymnograph zuerst denkt? Warum kein Lied auf St. Victor, von dem er doch, wie Biraghi bemerkt, mehr denn einmal bekennt, daß er ihm sein Leben verdanke, und den er versprochen literarisch zu verherrlichen, ingenioli sui adipem litare?

Durchgehen wir, dies vorausgeschickt, die oben aufgestellte Liste der mailändischen Hymnen, 41 an der Zahl, so haben wir zunächst aus den hymni diurni drei zu streichen: den Hymnus zur Prim: Iam lucis orto sidere und die beiden Hymnen zur Complet: Christe, qui lux es et dies, und: Te lucis ante terminum. Beide Tagzeiten sind jüngern Datums als Ambrosius. Die Prim wurde zuerst von Mönchen zu Bethlehem im Anfange des 5. Jahrhunderts[1], die Complet erst im Laufe desselben eingeführt[2].

Aus den Hymnen de tempore sind vier zu streichen: der Hymnus Magnum salutis gaudium auf den Palmsonntag, ein Fest, das in der abendländischen Kirche erst später aufkommt, wenn auch wohl schon vor Beda, von dem die älteste verbürgte Nachricht stammt[3]; ferner das Fastenlied Hymnum dicamus Domino, bei dessen Metrik der Gedanke an Ambrosius keinen Augenblick festgehalten werden kann. Dann der Himmelfahrtshymnus Optatus votis omnium und der Pfingsthymnus Iam Christus astra ascenderat. Einmal steht bei ersterem die Metrik im Wege; Verse wie:

> Ascendens in altum Deus
> Propriam sedem remeat,
> Gavisa sunt coeli regna
> Reditu unigeniti,

bieten für Ambrosius des Guten doch zu viel. Bei dem letztern, von dem Rev. J. Mearns mit Recht bemerkt, daß er „without much beauty and point" sei[4], ist nichts vom Geiste des Ambrosius zu gewahren. Gegen

---

[1] *Cassianus*, Instit. III, 4.
[2] Vgl. Kraus, Realencyklopädie, s. v. Officium.
[3] Kraus a. a. O., s. v. Palmsonntag.
[4] Dictionary of Hymnology p. 576.

beide spricht aber der entscheidende Grund, daß der Osterhymnus Hic est dies verus Dei die ganze österliche Zeit hindurch gesungen wurde; diese aber dauerte volle 50 Tage mit Einschluß von Pfingsten. Noch die Regel des Aurelian von Arles († 555) hält es so. Sie kennt weder Himmelfahrtshymnus noch Pfingsthymnus, wohl aber den Osterhymnus Hic est dies, von dem sie vorschreibt: quem hymnum *toto pascha ad matutinos et ad lucernarium dicite*. Man vergleiche auch Ambrosius selbst in Lucam VIII, 25, aus welcher Stelle hervorgeht, daß zu seiner Zeit noch die altchristliche österliche Quinquagesimalfeier bestand, daher der Pfingsttag auch keinen Vigilfasttag hatte: „Quodsi Iudaei sabbatum . . . quanto magis nos resurrectionem Domini celebrare debemus. Et ideo maiores tradidere nobis, *Pentecostes omnes quinquaginta dies ut Pascha celebrandos*, quia octavae hebdomadae initium Pentecostem facit. Ergo per hos quinquaginta dies ieiunium nescit ecclesia." Es kommt hinzu, daß Ennodius auf beide Feste — offenbar im Abendlande der ersten einer, wenn nicht der erste — Hymnen gedichtet hat.

Es folgen die Lieder de Sanctis. Wir haben aus denselben zunächst eine ganze Klasse von Liedern zu cassiren, nämlich sämtliche Hymnen auf Heilige, die nicht Blutzeugen sind. Ihnen wurde zu Ambrosius' Zeit ein Cult, wie der der Martyrer war, noch nicht erwiesen[1]. Der erste Bekenner, dem solche Ehren zu theil wurden, scheint im Orient Hilarion, im Abendlande Martinus von Tours gewesen zu sein, der bekanntlich Ambrosius überlebt hat. Es fallen also selbstverständlich fort die Hymnen Bellator armis inclitus (auf Martin), Miraculum laudabile (auf Ambrosius selbst); auf beide Heilige hat Ennodius Lieder. Fortfallen muß der barbarische Hymnus auf Simplicianus, den Nachfolger des Ambrosius, der Hymnus Regi polorum debitas, der in Mailand zum Feste des heiligen Bischofs Dionysius (semimartyr noster nennt ihn Biraghi), in Vercelli zum Feste des hl. Eusebius gebraucht ward, der zwar als Martyrer verehrt ward, ohne im Grunde genommen dies Prädicat mehr als z. B. Hilarius oder gar Chrysostomus zu verdienen[2]. Das Metrum läßt

---

[1] Aus den Worten Cyprians (De zelo et livore c. 16): Habet et pax coronas suas, quibus de varia et multiplici congressione victores prostrato et subacto adversario coronantur, läßt sich ein Bekenner-Cult, wie versucht wird, nicht ableiten; denn nicht alle, die gekrönt werden, werden auch verehrt. Noch weniger beweist Epist. 37, 1.

[2] Vers 14 lautet in Mailand Confessor Dionysius, in Vercelli Confessor Eusebius. Der älteste Hymnus weiß also nichts von einem Martyrium des letztern,

keinen Zweifel bestehen, und Ennobius hat richtig wieder einen Dionysius=
hymnus. Hierher gehört auch der Marienhymnus Mysterium ecclesiae,
mit eines der ältesten Marienlieder, die es gibt, aber natürlich nicht von
Ambrosius. Wenn zum Beweise der Umstand nicht genügt, daß auch
hier Ennobius mit seinem Liede Ut virginem fetam loquar erscheint, so
genügt um so gewisser ein Blick auf die Metrik:

    Sola in sexu femina
    Electa es in saecula...

    Vere gratia plena es...

    Pastores, qui audierunt,
    Gloriam Deo cantarunt.

Unter den Liedern auf die Apostel und Martyrer sind als nicht=
ambrosianisch zu erkennen: die Andreas=Hymne Post Petrum primum
principem, die nichts weder von des Ambrosius Geist noch von seiner
Metrik hat. Man braucht nur Strophe 2 anzusehen, in der jeder zweite
Fuß im Verse ein Spondeus ist; unmöglich konnte Ambrosius Verse
schreiben wie diese:

    Captus in Patra oppido
    Traditur diro carceri,
    Ferali poenae traditur,
    Tortor calet vesania.

Ganz dasselbe gilt von dem Stephanus=Hymnus: Stephani primi martyris — auch Ennobius hat ein Lied auf den Erzmartyrer — dem Agatha=
Hymnus: Agathae, sacrae virginis, dem Georgius=Hymnus: Gesta
sanctorum martyrum, dem Nazarius=Hymnus: Sacri triumphale tui,
bei dem wieder daran zu erinnern, daß auch Ennobius diesen Heiligen be=
singt. Dasselbe gilt weiter von dem Sixtus=Liede: Magni palmam certaminis, sowie, um dies hier anzufügen, von dem Michaels=Hymnus:
Mysteriorum signifer. Alle diese Hymnen tragen übrigens so sehr das
Gepräge der spätern Verfallzeit, daß man geneigt wird, eine und die-

---

nennt ihn vielmehr ausdrücklich Confessor. Der Hymnus ist auch deshalb interessant,
weil mit Dionysius und Eusebius auch Lucifer von Cagliari angerufen wird:

    Eusebium, Dionysium,
    Cum hisdem et Luciferum.

    Hos deprecamur sedule
    Captos pro Christi nomine etc.

selbe Zeit ihrer Abfassung anzunehmen und zu glauben, daß das mailändische Hymnar sich nicht sowohl allmählich ausgewachsen, als vielmehr, daß es nach einer ersten Periode absoluter oder fast absoluter Stabilität durch einen zweiten einmaligen Hauptschub zu dem geworden, was es dann wieder mit gleicher Stabilität bis zum 15. Jahrhundert blieb.

Wir haben noch zwei weitere Hymnen zu streichen; zunächst den Hymnus auf Johannes den Täufer: Almi prophetae progenies pia, den Daniel mit Recht ein carmen elegantissimum nennt. Dasselbe trägt indes bei allem klassischen Versbau doch ganz und gar nicht das Gepräge des Ambrosius, es ist viel zu weich und zierlich für seine Feder. Ferner ist es nicht im jambischen Dimeter geschrieben, ein Umstand, der an sich allein schon uns abhalten muß, an Ambrosius zu denken. Es besitzt ferner eine Doxologie, und nichts berechtigt uns, diese Doxologie als unecht anzusehen; Ambrosius aber kennt, wie wir schon sahen, eine Doxologie am Schlusse der Hymnen noch nicht. Mit der Doxologie zählt der Hymnus neun Strophen. Des weitern ist aus eben diesem Grunde der Kirchweih=Hymnus: Christe, cunctorum dominator almus zu streichen, der in sapphischen Strophen geschrieben ist, zwölf an der Zahl, mit Doxologie (ebenso viele Momente zu seiner Ablehnung).

Und damit wären wir bei der von Biraghi vertheidigten Linie angekommen. Nachdem wir aus dem mailändischen Hymnar alles entfernt haben, was wir als nicht=ambrosianisch nachzuweisen vermochten, bleiben uns 18 Hymnen übrig, von denen wir nunmehr positiv darzuthun haben, daß sie der Schreibweise des Ambrosius entsprechen, ihm zugeschrieben werden können und daher angesichts des mailändischen Usus ihm zugeschrieben werden müssen. Wir werden indes für vier derselben nicht ganz dieselbe Sicherheit erzielen können wie für die übrigen. Es sind das die kleinen Hymnen für die Terz, Sext und Non, sowie der Hymnus Iesu, corona virginum. Wir besprechen diese an letzter Stelle, folgen aber im übrigen der S. 25 u. f. aufgestellten Liste.

Der Hymnus Ad Galli cantum (später Ad Nocturnum): *Aeterne rerum conditor* ist, wie wir gesehen, durch Augustins Zeugniß außer Zweifel. Wir haben an demselben ein auffallendes Beispiel, wie Ambrosius es liebt, sich zu wiederholen. Der Hymnus findet sich nämlich in seinem Hexaëmeron in Prosa aufgelöst wieder: Est Galli cantus suavis in noctibus, nec solum suavis, sed etiam utilis; qui quasi bonus cohabitator et dormientem excitat *(Gallus iacentes excitat)* et sollicitum admonet *(Et somnolentos increpat)* et viantem solatur

(Nocturna lux viantibus), processum noctis canora significatione protestans *(A nocte noctem segregans)*. Hoc canente latro suas relinquit insidias *(Mucro latronis conditur)*; hoc ipse lucifer excitatus oritur *(Hoc excitatus lucifer)* coelumque illuminat *(solvit polum caligine)*; hoc canente moestitiam trepidus nauta deponit *(Hoc nauta vires colligit)*, omnisque crebro vespertinis flatibus excitata tempestas et procella mitescit *(Pontique mitescunt freta)*; hoc canente devotus affectus exsilit ad precandum *(Surgamus ergo strenue)*; hoc postremum canente ipse ecclesiae petra culpam suam diluit *(Hoc ipse petra ecclesiae Canente culpam diluit)* … Istius cantu spes omnibus redit *(Gallo canente spes redit)*, aegris levatur incommodum *(Aegris salus refunditur)*, minuitur dolor vulnerum, revertitur fides lapsis *(Lapsis fides revertitur)*, Iesus titubantes respicit *(Iesu, labantes respice)*, errantes corrigit *(Et nos videndo corrige)*.

Der Hymnus In Aurora (später Ad Laudes): *Splendor paternae gloriae*, der uns durch den Gebrauch der mailändischen Kirche, das Zeugniß des Fulgentius von Ruspe, vielleicht durch das des Ambrosius selbst bezeugt ist, trägt ganz und gar das Gepräge desselben. „It is the companion", so Rev. J. Mearns in Julian's Dictionary of Hymnology, „and sequel to the ‚Aeterne rerum conditor' and like it is almost indisputably by Saint Ambrose." Das Metrum bietet eine einzige Licenz, gerade in den von Fulgentius citirten Versen:

> Laeti bibamus sobriam
> Ebrietatem Spiritus.

Wir haben aber gleiche Längung durch Arsis, wenn auch nur in Endsilben, in den vier unbestrittenen Hymnen gefunden; sie kann hier um so weniger eine Schwierigkeit bilden, als sich die Quantität der Silbe mag verändert haben. An frappanten Parallelstellen in andern Werken des Ambrosius ist ebenfalls kein Mangel. Mit der ersten Strophe:

> Splendor paternae gloriae,
> De luce lucem proferens,
> Lux lucis et fons luminis,
> Diem dies illuminans,

ist z. B. zusammenzuhalten De fide IV, 9: „Lux nempe splendorem generat nec comprehendi potest, quod splendor luce posterior sit aut lux splendore antiquior; quia ubi lumen est, splendor est et, ubi splendor est, etiam lumen est. Itaque nec sine splendore lumen nec splendor esse potest sine lumine, quia et in splendore lumen et splendor in lumine est. Unde apostolus *splendorem paternae gloriae* Filium dixit, quia splendor paternae lucis est Filius, coaeternus propter virtutis aeternitatem, inseparabilis propter claritatis unitatem." Cfr. De fide II, prol. 3 et 8. Zum letzten obiger Verse, in dem Christus „Tag" genannt wird, ist auch heranzuziehen In Ps. 118, serm. 12, 26: „Sunt quibus semper dies est, illis utique, quibus Christus adest. . . . *Hic est dies,* quem vidit Abraham, dies remissionis peccatorum." Vgl. auch De fide IV, 8 am Schlusse. Zu dem Verse:

    Verusque sol, illabere,

ist in Parallele zu bringen In Ps. 118, serm. 19, 18: „ut, dum oras nocte, *veri solis* pectori tuo splendor irradiet; quia omnis anima, quae Christum cogitat, in lumine semper est; *diei* lucem tibi Christus adspirat." Und Hexaëm. IV, 1, 2: „Si tam gratus est sol consors et particeps creaturae, quam bonus est *sol ille iustitiae.*" Und ebend. 2, 5: „Pater dixit: Fiat sol, et Filius fecit solem; dignum enim erat, ut solem mundi faceret *sol iustitiae.*" Wenn der Dichter sagt, es solle sein

    Fides velut meridies,
    Crepusculum mens nesciat,

so ist das ein Gedanke, den er Hexaëm. IV, 3, 8 wiederholt: „Quod ostendit propheta dicens: Et educet sicut lumen iustitiam tuam et iudicium tuum sicut meridiem (Ps. 36, 6). Non solum enim lumini, sed etiam *meridiano lumini* sancti iustitiam comparavit." Und weiter 5, 22: „In meridiano pascis, hoc est in ecclesiae loco, ubi fulget iudicium sicut *meridies,* ubi umbra non cernitur." Anfang und Schluß des Hymnus:

    In Patre totus Filius
    Et totus in Verbo Pater,

finden wir wieder In Ps. 48, 18: „Omnis *gloriae paternae* Filium *splendorem* esse cognoscas et eius characterem substantiae, qui ita expressit Patrem, *ut in eo totus sit Pater sicut in Patre totus est Filius.* Den Versen:

    Laeti bibamus sobriam
    Ebrietatem Spiritus,

begegnen wir wieder De Cain et Abel I, 5: „Audi hortantem, audi cantantem ecclesiam non solum in canticis, sed etiam in canticis canticorum: Manducate, proximi mei, et bibite et inebriamini, patres mei. *Sed haec ebrietas sobrios facit,* haec ebrietas gratiae, non temulentiae est; laetitiam generat, non titubantiam." Auch bei dem Verfasser der Libri de sacramentis, der bekanntlich Ambrosius ausschreibt, lesen wir V, 3: „Vino qui inebriatur, vacillat, Spiritu qui inebriatur, radicatus in Christo est. Et ideo praeclara *ebrietas, quae sobrietatem* mentis operatur."

Der Hymnus zur Terz: *Iam surgit hora tertia,* ist durch Augustins Zeugniß derart außer Zweifel gestellt, daß es überflüssig erscheint, sich nach innern Zeugnissen umzusehen. Doch sei im Vorübergehen zu dem brachylogischen Verse:

    Celso triumphi vertice
    Matri loquebatur suae,

die gleiche Brachylogie nachgewiesen De virginibus I, 2, wo von Agnes gesagt wird: „tendere Christo inter ignes manus atque in ipsis sacrilegis focis *trophaeum Domini signare* victoris", wozu die Mauriner anmerken: „i. e. crucis figuram sublatis in altum brachiis exprimere". Ein eigenthümlicher Gedanke des Ambrosius ist es gewiß, in den Worten Christi: „Weib, siehe da deinen Sohn!" — ein Zeugniß für die Jungfräulichkeit Mariä zu erblicken; wir haben schon weiter oben zwei Parallelstellen angeführt, in denen dieser Gedanke fast mit denselben Worten ausgesprochen wird, In Luc. 10, 129 und Ep. ad Vercellen. n. 109; als dritte Parallelstelle hat die Strophe zu gelten:

    Praetenta nuptae foedera
    Alto docens mysterio,
    Ne virginis partus sacer
    Matris pudorem laederet.

Der Hymnus Ad horam incensi (später Ad Vesperas): *Deus, creator omnium,* gehört gleichfalls zu den anerkannten. Hingewiesen sei auf die echt ambrosianische Figur der rhetorischen Wiederholung:

    Te cordis ima concinant,
    Te vox canora concrepet,
    Te diligat castus amor,
    Te mens adoret sobria.

Aehnlich im Hymnus Aeterne rerum conditor in der Hahnenstrophe:

    Gallus iacentes excitat
    Et somnolentos increpat,
    Gallus negantes arguit.

> Gallo canente spes redit,
> Aegris salus refunditur.

Aehnlich wieder im Hymnus Splendor paternae gloriae in der vierten Strophe:

> Votis precemur et *Patrem*,
> *Patrem* perennis gloriae,
> Pater perennis gratiae
> Culpam releget lubricam.

Aehnlich endlich im Hymnus Aeterna Christi munera:

> *In his* paterna gloria,
> *In his* voluntas Spiritus,
> Exsultat *in his* Filius.

Der Weihnachtshymnus *Intende, qui regis Israel* ist das vierte der unwidersprochen ambrosianischen Lieder. Die erste Strophe ist außerhalb Mailands und des Cistercienserordens, wahrscheinlich ihrer Elisionen wegen, die später im Gesange unbequem wurden, unterdrückt worden, so daß der Hymnus mit den Worten Veni, redemptor gentium, begann. Da die Mauriner die erste Strophe nur bei den Cisterciensern vorfanden und sie offenbar die Tragweite des Cistercienserbreviers für ihre Untersuchung nicht zu schätzen wußten, erklärten sie selbe für unecht mit dem Bemerken: „Unde id sumptum, quis divinare poterit?" Damit bekundeten sie nur von neuem, daß sie es nicht für der Mühe werth erachteten, die Kirche zu befragen, die vor allem in dieser Sache zu vernehmen war, die mailändische. Ueber Dinge, die so selbstredend sind wie die Echtheit dieser Strophe, darf einfach nicht disputirt werden. Sie steht schon im Vatican. Reg. 11, dem ältesten Hymnar, das es gibt, und ausnahmslos in sämtlichen mailändischen Quellen. — Nur wenige Parallelen. Zu:

> Claustrum pudoris permanet,

vergleiche man De instit. virgin. c. 8: „Porta igitur Maria, per quam Christus intravit in hunc mundum, quando virginali fusus est partu et genitalia virginis *claustra* non solvit. *Mansit* intemeratum *septum pudoris*, et inviolata integritatis duravere signacula"; und etwas weiter: „Una sola (porta) potuit manere clausa, per quam sine dispendio *claustrorum* genitalium virginis partus exivit. Eigenartig ist jedenfalls der Ausdruck:

> Vexilla virtutum micant.

Er kehrt bei Ambrosius des öftern wieder. De instit. virg. c. 5: „Egregia igitur Maria, quae signum sacrae virginitatis extulit et intemeratae integritatis pium Christo *vexillum* erexit"; und De virginibus II, 2: „Quantae in una virgine species virtutum emicant! secretum verecundiae, *vexillum* fidei, devotionis obsequium." Zu:

> Procedat e thalamo suo,
> Pudoris aula regia,
> Geminae gigas substantiae,
> Alacris ut currat viam,

vergleiche man De instit. virg. c. 14: „Habitavit in nobis, quasi rex sedens in *aula regali* uteri virginalis", und De incarnat. c. 5: „Quem quasi *gigantem* sanctus David propheta describit, eo quod biformis *geminaeque naturae* unus sit, consors divinitatis et corporis."

Der Hymnus *Amore Christi nobilis* auf den Apostel Johannes ist uns durch ein älteres Zeugniß nicht beglaubigt. Er ist aber seit Anfang an im mailändischen Gebrauche und trägt so deutlich ambrosianisches Gepräge, daß diese beiden Umstände zusammen jeden gegründeten Zweifel ausschließen. Wir haben zunächst zu sehen, ob etwa die Metrik eine von der des Ambrosius abweichende sei. Der Hymnus bietet in der That neben Längung einer Endsilbe durch die Arsis: Vinctus tamĕn ab impiis [1], wie sie in den außer Zweifel stehenden Hymnen nachgewiesen sind, vier weitere Licenzen, wie sie bei Ambrosius wenigstens in dieser Häufung ungewöhnlich sind. Dennoch vermögen dieselben nicht den leisesten Zweifel an der Echtheit des Liedes zu begründen, da es offen zu Tage liegt, daß sie sich der Dichter zu einem ganz bestimmten Zwecke erlaubt hat und erlauben mußte, wenn er sein Vorhaben ausführen wollte. Er wollte nämlich den Anfang des Johannesevangeliums nicht bloß dem Sinne nach, sondern verbotenus seinem Hymnus eingliedern, weil er sah, daß sich das bei geringer Freiheit machen ließ:

> In principio erat Verbum,
> Et Verbum erat apud Deum,
> Et Deus erat Verbum; hoc erat
> In principio apud Deum.
> Omnia per ipsum facta sunt.

Um dies Kunststück möglich zu machen, sehen wir, daß dreimalige Verschleifung, zweimal mit folgendem Hiatus, angewandt ist, dreimalige Längung

---

[1] In dem Verse Sed ipse laude rĕsonet kann von einer Längung durch Arsis nicht die Rede sein, da die Vorsilbe re, einst red (wie sed), von Dichtern so häufig auch ohne Doppelung des folgenden Consonanten (repperit) als lang gebraucht wird, daß sie füglich als anceps gelten darf. Ambrosius braucht dieselbe wiederholt bald als Länge, bald als Kürze.

einer Kürze durch die Arsis, einmalige Auflösung der Arsis in eine Doppel=
kürze, lauter Licenzen, die sich Ambrosius nach dem Vorgange der Klas=
siker auch sonst gestattet. Warum sollte er hier vor ihnen zurückschrecken,
wo sie ihm ermöglichten, seinen Text heil und unverändert seinen Versen
einzuverleiben? Nichts wäre geistloser, als hier den Rechenmeister zu
spielen und zu sagen: neun Licenzen in fünf Zeilen kommen bei Am=
brosius sonst niemals vor, folglich ist dies Lied nicht von ihm. Der
Buchstabe, das Zahlzeichen würde auch hier tödten, wo nur der Geist zu
helfen vermag. Wir sagen: neun Licenzen in fünf Zeilen kommen bei
Ambrosius nur einmal vor; ihr Vorkommen ist aber hinlänglich motivirt.
Auch daß Ambrosius auf die Idee verfiel, die Worte des Evangeliums
in seine Verse zu zwängen, kann uns durchaus nicht wundern, da wir
ihn bereits einmal etwas Aehnliches in dem Hymnus thun sahen, für den
wir die meisten Zeugnisse des Alterthums besitzen. In den Versen:

> Intende, qui regis Israel,
> Super Cherubim qui sedes,
> Appare Ephraem coram, excita
> Potentiam tuam et veni,

hat er nämlich auch Schriftworte, beinahe ganz wie sie liegen, seinen Versen
einverleibt, die Worte aus Ps. 79, 1 ff.: „Qui regis Israel, intende, . . .
qui sedes super Cherubim, manifestare coram Ephraim, . . . excita
potentiam tuam et veni." Auch hier hatte das Experiment eine Häufung
von Elisionen zur Folge, die im Gesange gerade kein Vortheil ist und
die später, als man nicht mehr elidirte, zur Unterdrückung der Strophe führte.

In unserem Falle wissen wir überdies genau den Grund, dessent=
wegen der Dichter gerade die Anfangsworte des Johannisevangeliums
seinem Hymnus einverleiben wollte. Wir wissen aus seinem eigenen Munde,
daß ihm die Hymnen namentlich auch dazu dienten, Lehrsätze dem Herzen
der Gläubigen einzuprägen, welche durch die gerade obwaltenden Irrlehren
bedroht waren. Darum das häufige Hervorkehren der Trinitätslehre und
namentlich der Wesensgleichheit des Verbum, auch des fleischgewordenen.
Für diese vom Arianismus angefochtene Lehre war aber Joh. Kap. 1 der
klassischste Text. Und nicht bloß für sie: „Omnes haereses", sagt Am=
brosius (De fide I, 8), „hoc capitulo brevi piscator noster exclusit.
Quod enim erat in principio, non includitur tempore, non principio praevenitur; ergo *Arius* conticescat. Quod autem erat apud
Deum, non permixtione confunditur, sed manentis Verbi apud Patrem
solida perfectione distinguitur, ut *Sabellius* obmutescat. Et Deus

erat Verbum. Non ergo in prolatione sermonis hoc Verbum est, sed in illa coelestis designatione virtutis, ut confutetur *Photinus*.... Ita piscator bonus intra unum omnes rete conclusit." (Cfr. De incarnat. c. 3.)

Der Hymnus setzt sich auch des weitern aus Lieblingsideen des Ambrosius zusammen. Wenn er singt:

> Turbante dum nutat salo,
> Immobilis fide stetit.
>
> Hamum profundo merserat,
> Piscatus est verbum Dei,
> Iactavit undis retia,
> Vitam levavit omnium,

so finden wir nur wieder, was uns bereits aus De virginitate c. 20 bekannt ist: „Vide, quid piscator etiam iste profecerit. Dum in mari lucrum suum quaerit, *vitam invenit omnium*. Lembum deseruit, Deum reperit; scalmum reliquit, verbum invenit ... Hic ergo piscator, dum ipse *turbato agitatur salo*, mobili mentes statione nutantes fundavit in petra."

Das Wort supernatare mit dem dritten Fall verbunden:

> Mundi *supernatans* salo,

ist Ambrosius auch sonst geläufig. Er braucht es z. B. Hexaëm. V, 11, 32: „Quae si quando *supernatant fluctibus*, adnare insulas putes"; De excessu Satyri I, 43: *„cui supernatans* iuvaretur". Zu den weitern Versen:

> Vinctus tamen ab impiis,
> Calente olivo dicitur
> Tersisse mundi pulverem,
> Stetisse victor aemuli,

ist zu vergleichen In Ps. 118, sermo 2, 8, wo er von dem Nutzen des Lieblingsjüngers an der Brust des Herrn redend sagt: „Haec mirantibus aliis respondit anima Ioannis: Fusca sum et decora, filiae Ierusalem; fusca per culpam, decora per gratiam. Dicit et caro: Fusca sum et decora; fusca pulvere saeculari, quem certando collegi, decora oleo spiritali, quo *mundi huius pulverem* squaloremque *detersi*." Man wird sogar kaum irre gehen, wenn man annimmt, Ambrosius selbst habe einen Vers seines Hymnus citirt, wenn er in seinem

Briefe ad Imperatores vom Jahre 381 [1] 2 Joh. 1, 19 mit den Worten anführt: „Cum et alius vir *sancto locutus Spiritu* dixerit, declinantes huiusmodi bestias nec salutatione recipiendas." Wenigstens muß sich die Vermuthung jedem aufdrängen, dem die Verse des Johannishymnus gegenwärtig sind:

> Subnixa Christi pectore,
> *Sancto locuta Spiritu.*

Von dem Epiphanienhymnus *Illuminans altissimus* haben wir schon oben nachgewiesen, daß Cassiodors Zeugniß auf denselben zu beziehen ist, und haben einige haltlose Einwände beleuchtet, derentwegen man glaubte, das Lied Ambrosius absprechen zu können. Daß das Lied den Stil des großen Mailänders verräth, gesteht auch Ebert zu, wenn er sagt, daß dieser Hymnus „in der ganzen Darstellungs- und Ausdrucksweise den vier authentischen Hymnen des Ambrosius sich anschließe, ohne doch den Charakter einer bloßen Copie zu haben, dergestalt, daß vieles für die Autorschaft des Ambrosius bei ihm spreche" [2]. Diese Congenialität des Liedes mit Ambrosius wird durch manche Parallelen mit andern Werken desselben noch mehr ins Licht gestellt. So war der Ausdruck

> Micantium astrorum globos

förmlich eine Lieblingsphrase desselben. De Spiritu sancto II, 5: „Gentiles homines per umbram quandam nostros secuti, quia veritatem Spiritus haurire non poterant, quod coelum ac terras, lunae quoque *stellarumque micantium globos* Spiritus intus alat, suis versibus indiderunt." — De excessu fratris II, 10: „Coelum ipsum non semper *stellarum micantium globis* fulget." — De fide II, 2, 24: „Ut sicut in coelo quasi in speculo quodam *stellarum lucentium* refulgerent *globi.*"

Vollends den halben Hymnus finden wir wieder In Lucam VI, 85: „Videres incomprehensibili quodam rigatu *inter dividentium manus, quas non fregerant, fructificare particulas et intacta frangentium digitis* sponte sua *fragmenta subrepere.* Qui haec legit, quemadmodum *iuges aquarum* miretur *meatus* et liquidis fontibus stupeat continuos fluere successus, quando etiam panis exundat et naturae solidioris *rigatus* exuberat?"

> Multiplicabatur magis
> Dispendio panis suo,
> Quis haec videns mirabitur
> Iuges meatus fontium?
>
> Inter manus frangentium
> Panis rigatur profluus,
> Intacta, quae non fregerant,
> Fragmenta subrepunt viris.

Und ebenda n. 87: „Sic[1] in nuptiis ex fontibus vina *ministris* operantibus *colorantur*, et ipsi, qui *impleverant* hydrias aqua, vinum, quod non detulerant, *hauriebant*. Comprehende, si potes, tanta rerum miracula. Hic *edentibus populis crescunt* suis fragmenta *dispendiis* ... illic in alienam speciem *vertuntur elementa*."

> Hausit minister conscius,
> Quod ipse non impleverat;
>
> Aquas colorari videns,
> Inebriare flumina,
> Elementa mutata stupet
> Transire in usus alteros.
>
> Edentium sub dentibus
> In ore crescebat cibus.

Aber kann nicht irgend ein anderer Dichter die prosaischen Ausführungen des Ambrosius sklavisch in Verse umgesetzt haben? Ich erwähne dieses Effugiums nicht, weil ich glaube, daß ein denkender Mensch sich dasselbe aneignen oder sich durch dasselbe könnte beunruhigen lassen, sondern lediglich der Vollständigkeit des Beweises halber. Diese Möglichkeit ist ja an sich und in sich vorhanden. Ist es aber möglich, den Gedanken an dieselbe auch nur einen Augenblick da festzuhalten, wo ad oculum der Beweis erbracht ist, daß Ambrosius mehr als irgend ein anderer es liebt, sich in solcher Weise zu copiren, wo sowohl Hexaëmeron V, 88 als auch der Hymnus Aeterne rerum conditor zweifellos authentisch sind?

---

[1] Man vergleiche das weiter oben (S. 38) zum Beweise dafür Gesagte, daß die sogen. Phagiphanie keinen Theil des Epiphaniegeheimnisses bilde. Hier thut Ambrosius das Umgekehrte von dem, was er im Hymnus gethan. Im Hymnus lag ihm ob, von Kana zu reden, und als Simile zieht er die Brodvermehrung heran; hier redet er von der Brodvermehrung, und als Gegenstand des Vergleichs dient ihm das Wunder von Kana. Beidemal wird der Vergleich mit derselben Partikel „sic" eingeführt.

4. Welches sind die echten Kinder der Muse des Ambrosius?

Der Hymnus *Agnes, beatae virginis* gehört gleichfalls zu jenen, zu deren Gunsten kein älteres Zeugniß vorliegt, die indeß durch dasjenige der mailändischen Kirche einerseits und das Siegel des ambrosianischen Genius andererseits hinlänglich gesichert sind. „Eines der schönsten Lieder des Ambrosius", nennt ihn Mone (III, 77), und er hat recht. Jedenfalls behandelt das Lied ein Lieblingsthema des Ambrosius, die Lieblingsheilige Marcellinas; es ist das in Verse umgesetzte zweite Kapitel des ersten Buches De virginibus. Schon der Anfang ist an beiden Stellen identisch, wenn auch die Fassung des Dichters die kürzere, die des Redners naturgemäß die breitere ist: „Natalis est *virginis*, integritatem sequamur; natalis est *martyris*, hostias immolemus; natalis est sanctae Agnes." Und der Dichter?

> Agnes, beatae virginis,
> Natalis est, quo spiritum
> Coelo refudit debitum.

Auch die ältere Form Agnes statt der spätern Agnetis ist beiden Stellen gemeinsam. Die Verse:

> Matura martyrio fuit,
> Matura nondum nuptiis,

dürfen wohl mit den Worten Nondum idonea poenae et iam matura victoriae in Parallele gebracht werden. Der Ausdruck

> Claustrum pudoris auxerant

heimelt uns ganz ambrosianisch an, wenn wir das Claustrum pudoris permanet uns ins Gedächtniß rufen, von dem wir genau wissen, aus wessen Feder er stammt[1]. Lesen wir:

> Prodire quis nuptum putet,
> Sic laeta vultu ducitur,

so finden wir Wort und Gedanke wieder: „Non sic ad thalamum nupta properaret, ut ad supplicii locum laeta successu, gradu festina virgo processit." Aehnlich erinnert es, wenn der Dichter Agnes sprechen läßt:

> Hic, hic ferite, ut profluo
> Cruore restinguam focos,

---

[1] Auch Epist. V ad Syagrium lesen wir: Erit, inquam, vel malevola vel imperita, quam *pudoris claustra* praetereant.

an die Worte, welche er De virginibus III, 7, 33 der hl. Pelagia in den Mund legt: „Iam enim sacrilegas aras praecipitata subvertam et accensos *focos cruore restinguam.*" Zu bemerken ist ferner, daß des Ambrosius Nachahmer, Ennodius, ihm den Vers: Fides teneri nescia fast wörtlich nachgeschrieben: Virtus teneri nescia. Auch zeugt es für das hohe Alter des Liedes, daß der Dichter mehrere legendarische Züge, die schon bei Damasus und Prudentius sich finden, noch nicht kennt.

Wir kommen zum Osterhymnus: *Hic est dies verus Dei.* Daß Hinkmar (De non trina deitate) ihn Ambrosius beilegt[1], will wenig bedeuten; wichtiger ist schon, daß der Hymnus, wie wir sahen, in der Regel des Aurelian von Arles vorkommt, da dies Vorkommen sein hohes Alter bezeugt. Durchschlagend ist neben dem alten liturgischen Gebrauche der mailändischen Kirche die unverkennbare Uebereinstimmung des Hymnus mit denen, die wir bereits als von Ambrosius herrührend kennen. Wir haben schon erwähnt, daß Mone in ihm „die kernige Behandlung" des Ambrosius (il nerbo nennt es Biraghi) erkennt. Was das Metrum betrifft[2], bereiten die Verse:

Moriatur vita omnium,
Resurgat vita omnium,

einige Schwierigkeit, welche Mone veranlaßt hat, den Text zu verbessern, den er als „gegen Sinn und Versmaß verstoßend" bezeichnet. Allein seine Aenderung ist, angesichts der übereinstimmenden Ueberlieferung der Handschriften, wenig überzeugend. Auch sind die Freiheiten der beiden Verse denn doch nicht so enorm. Der zweimalige Hiatus ist bei der offenbaren Absicht, die beiden Zeilen völlig gleichmäßig zu bauen, im Grunde nur einer. Daß beide Male an zweiter Stelle des Verses ein Spondeus steht, müßte mehr auffallen. Allein da der Buchstabe V ebensowohl Mit- als Selbstlauter ist, verbietet nichts die Annahme, daß Ambrosius sich berechtigt glaubte, ihn in Rücksicht auf die Positionslänge als Vocal behandeln zu dürfen. Jedenfalls kann diese Anomalie nicht derart ins Gewicht fallen, daß man mit Rücksicht auf sie eine Autorschaft in Frage ziehen müßte, welche durch andere ungleich gewichtigere Gründe erhärtet wird, und das um so mehr, als die Absicht des Dichters in den beiden Zeilen offen zu Tage liegt. Denn der Gedanke, dem zuliebe er

---

[1] *Biraghi* p. 68.
[2] Daß Ambrosius in diesem Hymnus v. 20 in dem Wort vitia Synizese eintreten läßt, erwähne ich nicht; man vergleiche Ennodius: Vatis Cypriani et martyris.

sich diese Freiheit gestattet, ist wieder eine seiner Lieblingsideen. Mors eius vita est omnium, sagt er mit derselben Antithese, fast mit denselben Worten De excessu Satyri II, 46, und In Ps. 36, n. 36: „Ipse nostra in omnibus vita est ... ipsius caro vita est, ipsius passio vita est ... ipsius mors vita est, ipsius resurrectio vita est universorum."

Der Anfang des Hymnus mit dem Ausruf: Hic est dies verus Dei, erinnert an Pf. 117, 24 und ebenso an Enarr. in Ps. 43, 6: „In ipso enim die Christus hominibus resurrexit et ideo specialiter de eo dictum est: *Hic est dies*, quem fecit Dominus." Ambrosius bezieht also den Psalmvers ausdrücklich auf den Ostertag. Diese Stelle gibt uns aber noch ein anderes Beweismoment. Psalmvers und Hymnenanfang hängen offenbar zusammen. Nun aber lautet jener in dem nachhieronymianischen Psalter stets *Haec dies*, quam fecit Dominus. Das *Hic dies* weist also auf eine Zeit, wo die Correctur des Hieronymus noch nicht in Gebrauch war; um so mehr, als bei Ambrosius das Wort dies durchaus nicht immer männlich ist. Cfr. Hexaëm. IV, 1, 1. Welcher christliche Hymnendichter kann aber für diese Zeit in Betracht kommen? Einzig Ambrosius. Zu dem Verse:

<blockquote>Fidem refundens perditis,</blockquote>

bemerkt Biraghi, daß auch das Wort <u>refundere</u> ein Ambrosius besonders geläufiges sei, was er mit Beispielen belegt, die uns weiter unten wieder begegnen werden. In der That sind wir schon im Morgenhymnus auf die Worte gestoßen: Aegris salus refunditur. Auch auf die Ambrosius charakteristische Fragewendung:

<blockquote>Quem non gravi solvit metu
Latronis absolutio?</blockquote>

sind wir bereits früher aufmerksam geworden. Der ganze Hymnus und insbesondere diese Stelle hat offenbar Maximus von Turin vorgeschwebt, wenn er Sermo 39 de Paschate 11 sagt: „Nam quis de gratia absoluto latrone desperet?" wie denn Maximus mit Vorliebe Ambrosius ausschreibt und nicht selten auch seine Hymnen in Predigten paraphrasirt. Für andere parallele Züge in dieser Rede sehe man Biraghi S. 67 f. Noch sei darauf hingewiesen, daß die Worte Probrosa mundi crimina sich sozusagen wörtlich wiederfinden in Ambrosius' Carm. I, 9:

<blockquote>Hic quicunque volunt *probrosa crimina vitae*
Ponere, corda lavent, pectora munda gerant.</blockquote>

Es folgt der Hymnus auf die mailändischen Märtyrer: *Victor, Nabor, Felix pii*. Auch dieser Hymnus ist nur durch das äußere Zeugniß des usus liturgicus der mailändischen Kirche und das Innere seines eigenen Stils und Gepräges beglaubigt. „Ein Lied des vierten Jahrhunderts," bemerkt Mone (III, 551), „ganz im Geist und Stil des hl. Ambrosius, den ich für den Verfasser halte"; ein Urtheil, das ihm alle Ehre macht, da er das Lied nur aus einer späten mailändischen Handschrift kennt, und niemand vor ihm es Ambrosius beigelegt. Daß der Hymnus von einem Mailänder herrührt, setzt schon Strophe 1 außer Zweifel:

>   Solo hospites, Mauri genus,
>   Terrisque *nostris* advenae.

Fügt man hinzu, daß Fest und Grab der Heiligen zu Ambrosius' Zeit in höchster Verehrung standen, wie wir aus seinen eigenen Schriften und aus seinem Lebensbeschreiber Paulinus wissen — sancti martyres Nabor et Felix celeberrime frequentabantur —, so kann für einen irgend wie begründeten Zweifel an der Autorschaft des Ambrosius kein Grund mehr bestehen. Daß der Dichter I, 2 das erste i in Mediolani lang gebraucht, kann nicht befremden; auch Ennodius gebraucht es so — Mediolanum mox petit —, und auch Virgil nimmt keinen Anstand, in analogem Falle zu schreiben: Exercet Dīana choros. Bei Eigennamen glaubten die Dichter sich etwas mehr erlauben zu dürfen.

Wir haben schon oben Fälle beobachtet, in denen Ennodius seinem Vorbilde so ähnlich wird, daß er ihm halbe und ganze Verse entlehnt. Auch hier liegt der Fall vor. „Anhela solis aestibus", schreibt Ambrosius, „Anhela lucis aestibus", singt Ennodius. Ein Zeugniß so gut wie jedes andere. Unser Hymnus, der mit zu den schönsten des Dichters gezählt werden darf, erhält übrigens eine neue Stütze durch den folgenden Hymnus, mit dem er in mehrfacher Hinsicht verwandt ist.

Der Hymnus auf Gervasius und Protasius, richtiger der Hymnus auf ihre Translation: *Grates tibi, Iesu, novas*, ist im Gegensatze zu den übrigen Hymnen des Ambrosius ein Gelegenheitsgedicht. „Es bedarf keines Beweises," meint Biraghi, „daß Ambrosius' Epist. XXII, welche die beiden bei Gelegenheit der Invention gesprochenen Predigten enthält, und unser Hymnus aus einer Quelle stammen. Basta leggere e confrontare!" Nicht einmal das ist im Grunde genommen nöthig. Es genügt schon, den Hymnus bloß zu lesen, es genügt, die ersten vier Zeilen zu lesen, und der Beweis, daß Ambrosius den Hymnus geschrieben, ist zur Evidenz geliefert:

> Grates tibi, Iesu, novas
> Novi repertor muneris,
> Protasio, Gervasio
> Martyribus inventis cano.

Ober wer hätte je singen, je von sich sagen können: Ich singe dir ein neues Danklied, o Herr, weil ich ein neues Kleinod entdeckt, weil ich die Leiber der Heiligen Gervasius und Protasius aufgefunden habe? Die Geschichte kennt nur Einen. Das ganze Lied ist offenbar von einem Augenzeugen:

> Nequimus esse martyres,
> Sed repperimus martyres,

wir finden sie: vetusta saecla vidimus.

> Severus *est* nomen viro,
> Usus minister publici,

er lebt noch, er dient an der Basilica. Da ist, wie gesagt, nichts zu beweisen, wo alles mit Händen zu greifen ist. Auch Augustin war Zeuge alles dessen, was uns der Hymnus so lebhaft schildert. Er erzählt davon Sermo 286, n. 4: „Celebramus ergo hodierno die, fratres, memoriam in hoc loco positam sanctorum Protasii et Gervasii, Mediolanensium martyrum. Non eum diem, quo hic posita est, sed eum diem hodie celebramus, quando inventa est pretiosa in conspectu Domini mors sanctorum eius *per Ambrosium episcopum*, hominem Dei; cuius tunc sanctae gloriae martyrum etiam ego testis fui. Ibi eram, Mediolani eram, facta miracula novi, adtestante Deo pretiosis mortibus sanctorum suorum; ut per illa miracula iam non solum in conspectu Domini, sed etiam in conspectu hominum esset mors illa pretiosa. Caecus notissimus universae civitati illuminatus est; cucurrit, adduci se fecit, sine duce reversus est. Nondum audivimus, quod obierit, forte adhuc vivit. In ipsa eorum basilica, ubi sunt eorum corpora, totam vitam serviturum esse devovit. Nos illum gavisi sumus videntem, reliquimus servientem."

Mit diesem Liede ist Mone ein wahrhaft unerklärliches Mißgeschick passirt. „Das Lied", so meint er, „ist nach den Schriften des Ambrosius gemacht, deren Stellen die Bollandisten und Daniel anführen, aber nicht von Ambrosius gedichtet, wie jene behaupten und dieser wahrscheinlich findet, sondern von einem italienischen Humanisten des 15. Jahrhunderts,

der in Sprache, Metrik und Behandlung die Klassiker nachahmte."
Mone hat auf der Ambrosiana freilich nur die Handschrift M 25 sup.
benutzt, die aus dem 15. Jahrhundert ist; es standen aber nicht wenige
aus dem zwölften, elften und zehnten Jahrhunderte in derselben Biblio=
thek, in denen er das Lied seines wunderlichen Humanisten bereits hätte
finden können. Mone selbst behauptet (I, 37), daß im mozarabischen
Breviere „nur Hymnen stehen, die vor dem achten Jahrhundert gemacht
sind". Dieser Hymnus seines Humanisten steht aber im mozarabischen
Breviere[1]. Ich erwähne dies nicht, um zu widerlegen, sondern einzig,
um zu zeigen, daß die Kritik auch zuweilen ihre Orgien feiert.

Es folgt der Hymnus auf die Apostelfürsten: *Apostolorum passio*.
Auch er läßt deutlich den Genius des Ambrosius erkennen. „L'elocu-
cione dell' Inno, la consonanza cogli altri, le movenze, l'enfasi
rivelano ad ogni tratto il genio di Ambrogio"; so Biraghi. Ebenso
Mone: „Bei Thomasi wird dieses Lied dem hl. Ambrosius zugeschrieben,
und mit Recht; denn er hat nach dem Zeugniß des Ennodius Lieder auf
die Martyrer gemacht, und dieser vortreffliche Hymnus hat ganz den
Charakter seiner Dichtkunst." In metrischer Hinsicht ist zweimalige Längung
in der Arsis[2] und ein Hiatus (3, 4) zu constatiren, zwei dieser Licenzen
bei dem Eigennamen Petrus und daher doppelt entschuldigt. Abgesehen
von Auffassung und Enuntiation des Ganzen lassen einzelne Ausdrücke
insbesondere Ambrosius' Schreibweise erkennen. So 2, 2:

> Cruor triumphalis necis,

was auch in der Rede über die Auffindung der hll. Gervasius und Pro=
tasius vorkommt: apparent *cruoris triumphalis* notae[3]. Auffallen kann
es, wenn (2, 3) Gott „praesul" genannt wird:

> Deum secutos praesulem
> Christi coronavit fides.

Es ist aber dies kein ἅπαξ λεγόμενον bei Ambrosius. Wir lesen so
Epist. X, 12: „ut et vos *Deo praesule* triumphetis"; wir lesen so

---

[1] *Migne* LXXXVI, 1129.

[2] Non immemor oraculi, stellt Biraghi gegen die Handschriften dem Metrum
zuliebe um. Wer sich mit der Längung nicht befreunden kann, dem bleibt dies zu
seiner Beruhigung ja unbenommen, obgleich dadurch der gleiche Auslaut der Verse
zerstört wird, von dem wir Huemer ausrechnen sahen, daß Ambrosius ihn anstrebt.

[3] Epist. XXII, 12.

Epist. XX, 14: „Est enim *praesul Dominus*, qui salvos faciet sperantes in se"; wir lesen wieder so De virginit. 3: „hostiam immolaret *Deo*, suorum *praesuli* triumphorum." Auch die weitern Verse:

>Verso crucis vestigio
>Simon honorem dans Deo,

geben zu ähnlichen Vergleichen Anlaß. So mit De interpell. Iob et David c. 1: „Nam de Petro quid loquar, qui ... *inverso* suspendi poposcit *vestigio?*" Und wieder mit Ps. 118, sermo 21, 21: „Non fuit opprobrio Petro crux Christi, quae tantum ei gloriae dedit, ut *inversis* Christum honoraret *vestigiis.*" Und nochmals mit Hegesipp. III, 2: „poposcit ut *inversis vestigiis* cruci affigeretur". Wenn Ambrosius 6, 4 schreibt:

>Et vate tanto nobilis,

so werden wir dem Worte vates in der Bedeutung „Bischof" sogleich wieder im Laurentius-Hymnus begegnen:

>Responsa vatis retulit.

Aus Ambrosius hat jedenfalls Ennodius das Wort, das bei ihm ein ums andere Mal vorkommt. Vers 8, 1:

>Prodire quis mundum putet,

ist beinahe wortwörtlich, was wir weiter oben im Liede auf die hl. Agnes lasen:

>Prodire quis nuptum putet,

Aehnlichkeiten, durch welche die Identität des Verfassers beider fast handgreiflich wird. Es sei noch aufmerksam gemacht auf die Verse:

>Tantae per urbis ambitum
>Stipata tendunt agmina,
>Trinis celebratur viis
>Festum sacrorum martyrum.

Mit Recht leitet Biraghi aus denselben einen Beweis für das Alter des Liedes her. Bei der Anwesenheit des Ambrosius in Rom strömte das Volk auf drei Wegen drei Heiligthümern zu; als später (ca. 403) Prudentius nach Rom kam, hatte sich die Feier auf zwei Orte beschränkt:

>Adspice, per *bifidas* plebs Romula funditur plateas,
> Lux in duobus fervet una festis;
>   Nos ad *utrumque* tamen gressu properemus incitato
>   Et his et illis perfruamur hymnis[1];

---

[1] Peristeph. XII, 57 sqq.

nicht, wie Biraghi (S. 91) meint, weil der folgende Tag zur Verehrung Pauli bestimmt worden und daher am 29. Juli nur Petrus verehrt ward. Denn aus Prudentius' Schilderung geht zu deutlich hervor, daß Petrus und Paulus an Einem Tage gefeiert wurden, und auch, welches die bifidae plateae waren:

> Ibimus ulterius, qua fert via pontis Hadriani,
>   Laevam deinde fluminis petemus.
> Transtiberina prius solvit sacra pervigil sacerdos,
>   Mox huc recurrit duplicatque vota.

Die beiden viae sind die via Aurelia (auch triumphalis genannt) und die via Ostiensis. Zuerst feierte der Papst am Grabe des hl. Petrus im Vatican die Liturgie, danach in St. Paul extra portam trigeminam. Der Tag war also ein polyliturgicus, wie es heute nur noch das Weihnachtsfest (in Spanien auch der Allerseelentag) ist; und zwar war schon zu Prudentius' Zeit nur mehr doppelte Liturgie, zur Zeit aber, da Ambrosius in Rom war, noch dreifache. Unser Hymnus ist somit älter als der des Prudentius und folglich von Ambrosius. Der dritte Ort der Feier, dessen Ambrosius erwähnt, war wohl zweifellos die Katakombe des Callistus; die dritte via somit die via Appia. In jener Katakombe waren nämlich zeitweise die Leiber der Apostelfürsten untergebracht, wie die von Damasus gesetzte Inschrift bezeugt:

> Hic habitasse prius sanctos agnoscere debes,
>   Nomina quisque Petri pariter Paulique requiris[1].

Vielleicht bezeichnet diese Inschrift gerade den Moment, in welchem die jährliche Feier am 29. Juli in der Katakombe aufgelassen wurde?[2]

Der Hymnus *Apostolorum supparem* auf das Fest des hl. Laurentius ist schon Maximus von Turin bekannt, ein Zeichen für das hohe Alter desselben. Er citirt nämlich den Anfang des Hymnus, wenn er Hom. 74 von Laurentius sagt: „Nec immerito eum *Apostolorum supparem* praedicamus, cui et castitas animi leviticum ministerium dedit et plenitudo fidei martyrii contulit dignitatem." Nun wissen wir aber vor Maximus von keinen in liturgischen Gebrauch gekommenen Hymnen, außer denen des Ambrosius. Auf ihn weist aber außerdem der ganze Tenor des Liedes. „Lo stilo grafico," resumirt Biraghi (S. 96),

---

[1] *Migne* XIII, 382.
[2] Vgl. *Duchesne*, Liber pontificalis I, p. CV, n. 41.

„la somiglianza di frasi, certi vocaboli tutto suoi, varie voci da legale, i passi paralleli ad altri delle Opere: tutto ci revela a chiare note l'origine Ambrosiana." Zunächst ist Ambrosius das Wort suppar auch sonst geläufig. So De incarnat. Domin. sacram. 4, 26: „Virginis enim *supparem* negasti esse, non temporis. Ego autem et *supparem* virginis secundum susceptionem corporis non negabo et creatorem temporis confitebor." Wieder De virginibus III, 4, 16: „ut magistra *suppari* servetur aetate". Abermals De excessu fratris II, 116: „Cum tuba prima cecinerit, orientales congregat quasi praecipuos et electos; cum secunda *suppares* meritis." Nochmals In Ps. 37, n. 54: „Proprior est enim, qui subsequitur, quam ille, qui sequitur, et *suppar* quam impar."

Ueber das Martyrium des hl. Laurentius, vor allem über den rührenden Wettstreit mit dem heiligen Papste Xystus spricht Ambrosius ausführlich De offic. minist. I, 41, aus welchem Kapitel das römische Brevier seine Antiphonen entlehnt. Kann man schon im allgemeinen nicht verkennen, daß diese Stelle sich mit dem Hymnus berührt, so steigert sich die Aehnlichkeit zur Identität, wenn wir lesen: „Flere desiste, post triduum me sequeris", und im Liede:

> Moerere, fili, desine,
> Sequeris me post triduum.

Und finden wir nicht den echt ambrosianische Kürze zur Schau tragenden Ausdruck

> Haeres futurus sanguinis

in den Worten wieder: „Quid consortium passionis meae expetis? totam tibi haereditatem eius committo"? Die Zeilen:

> Inopesque monstrans praedicat:
> Hi sunt opes ecclesiae.
>
> Vere piorum perpetes
> Inopes profecto sunt opes,

sind sie nicht die Umschreibung, wenn anders man noch von Umschreibung reden kann, der Worte: „*Ostendit pauperes dicens: Hi sunt opes ecclesiae. Et vere thesauri*, in quibus Christus est, in quibus fides est"? [1] Endlich ruft der Schluß des Hymnus:

> Vorate, si coctum est, iubet,

---

[1] De offic. minist. II, 28.

jene Stelle aus Sermo 135 (*Migne* LII, 566) des hl. Petrus Chrysologus ins Gedächtniß: „Iam me versate, et si una pars cocta est, vorate", die einem Citate nicht unähnlich ist.

Es ist vielleicht nicht unangebracht, hinzuzufügen, daß der von Ambrosius innig geliebte Bruder Uranius Satyrus gerade den hl. Laurentius in besonderer Weise geehrt zu haben scheint, da er, wie der Bischof in seiner Trauerrede berichtet, in Gefahr des Lebens ein erfolgreiches Gelübde zu diesem Heiligen gemacht hatte: „Tuis votis apud sanctum Laurentium martyrem impetratum esse nunc cognoscimus commeatum; atque utinam non solum commeatum, sed etiam prolixum vitae tempus rogasses. Potuisti annos plurimos impetrare vivendi, qui potuisti commeatum impetrare veniendi." [1]

Damit sind die zu Ehren einzelner Heiligen geschriebenen Hymnen erschöpft. Es folgt ein Hymnus auf die Martyrer im allgemeinen, der Hymnus *Aeterna Christi munera*, der, wie wir früher sahen, von Beda als Ambrosianus bezeichnet wird, aber in einem Athem mit vier andern Hymnen, die wir als wirklich von Ambrosius herrührend nachgewiesen haben. Mone (I, 144) hat recht, wenn er dies Zeugniß ein unklares nennt, ist aber zu rasch, wenn er deshalb das Lied dem Ambrosius abspricht und ins fünfte Jahrhundert versetzt.

Der Hymnus hat eine weitere Verbreitung gefunden als die meisten andern ambrosianischen Hymnen, und hat daher das Schicksal aller Lieder getheilt, die weit herumkommen, das Schicksal, allerlei Aenderungen zu erleiden. Er ist zunächst in verschiedenen Brevieren, namentlich auch im römischen, von den Martyrern auf die Apostel übertragen worden unter Aenderung von 1, 2 in apostolorum gloriam und Auslassung verschiedener Strophen. Ein anderer Theil des Hymnus mit dem Anfang Christo profusum sanguinem erscheint im römischen Brevier zum Commune plurimorum martyrum. Der Urtext ist der mailändische mit der ambrosianischen Achtzahl der Strophen [2].

Ein indirecter Beweis für die Abfassung durch Ambrosius ist der Umstand, daß Maximus von Turin, wie die übrigen Hymnen, so auch

---

[1] De excessu fratris I, 17.

[2] Radulphus von Tongern zeigt sich für einen Schriftsteller des 14. Jahrhunderts auffallend gut unterrichtet, wenn er von diesem Liede bemerkt, es sei Ambrosianus prolixus, at Romano more partim capitur in nocturno apostolorum, partim in nocturno martyrum. Er kannte also die achtstrophige Form des Hymnus und erkannte sie als die Urform. Max. Bibl. Vet. Patrum XXVI, 301.

diesen kennt. Das zeigt sein Sermo 66 auf die Apostelfürsten, in dem sich die Aehnlichkeit mehrfach zu wörtlicher Uebereinstimmung steigert, so wenn wir lesen: Elegerunt itaque *ecclesiarum principes* (= 2, 1), *mundi principem triumphavit* (= 6, 4: mundi triumphat principem). Ersterer Ausdruck ist übrigens auch Ambrosius selbst, und zwar für die Märtyrer geläufig; denn für die Apostel liegt er ja an sich nahe genug. „*Principes populi*, quos alios nisi sanctos martyres aestimare debemus?" ruft er in der Rede auf Gervasius und Protasius aus; er nennt sie non saeculi milites, sed *milites Christi* (= 2, 3); er nennt sie wie 2, 4 mundi lumina, wenn er von ihnen sagt: Ecce veri dies . . . ecce dies pleni luminis; er nennt sie Triumphatoren, wenn er ausruft: Spectate animi sublimis *trophaea*, oder wenn er seine Exhort. virginit. c. 1 damit einleitet, er habe den Jungfrauen apophoreta (Geschenke, die man den Gästen bei Festgelagen mit nach Hause gab) aus Bologna mitgebracht, wohin er zur Translation der hll. Vitalis und Agricola gereist war, und dann fortfährt: „Apophoreta autem solent habere triumphos principum; et haec apophoreta triumphalia sunt: Christi enim nostri *triumphi* sunt martyrum palmae." Auch In Ps. 118, sermo 3, 34: „In se enim voluit principem mundi fallere, in discipulis triumphare." Wenn er ferner singt:

    Terrore victo saeculi
    Poenisque spretis corporis
    Mortis sacrae compendio
    Lucem beatam possident,

so wiederholt er dieselben Gedanken, die er In Luc. 10, 12 ausgesprochen: „Quod indicium est, *victores saeculi* principibus anteferri. Denique mortuis regibus in perpetuum martyres regnum coelestis gratiae honore succedunt." Die Verse:

    Traduntur igni martyres
    Et bestiarum dentibus,
    Armata saevit ungulis
    Tortoris insani manus,

finden ihre Parallele In Ps. 118, sermo 9, 2: „Quam pulchre etiam de martyribus dicitur, qui vere *militant Christo* (2, 3: qui persecutiones, ungulas, gladios, incendia non timentes infestis se regibus obtulerunt)."

    Noch ein zweiter Hymnus, der auf eine ganze Klasse von Heiligen geschrieben, befindet sich unter den von Biraghi dem Ambrosius zugeschrie-

benen Liedern, der Hymnus *Iesu, corona virginum*. Er ist der erste
von den vier vorerwähnten Hymnen, bei denen positive Bedenken einer
Abfassung durch Ambrosius entgegenstehen, ohne indes jede Wahrscheinlich=
keit einer solchen zu beseitigen.

Biraghi erkennt in dem Liede, dessen althergebrachte Verwendung in
der mailändischen Liturgie, wie wir gesehen, außer Zweifel steht, den
Hymnus virginitatis, den Ambrosius für die geweihten Jungfrauen ge=
dichtet habe, und der dann später dem Commune virginum einverleibt
worden. In der That ist der Hymnus inhaltlich weder ein Lied zur
Verehrung einer heiligen Jungfrau oder mehrerer oder aller, er ist viel=
mehr ein Gebet zu Christus, dem geistlichen Bräutigam der Jungfrauen,
und zwar schildern die drei ersten Strophen den himmlischen sponsus
virginum, während die vierte die Bitte enthält:

> Te deprecamur, largius
> Nostris adauge mentibus,
> Nescire prorsus omnia
> Corruptionis vulnera,

eine Bitte, die jedenfalls in keinen Mund besser paßt und in keinem
so sehr ihren vollen Sinn und ihre ganze Bedeutung erhält, als in dem
der gottgeweihten Jungfrau. Es kann demgemäß nicht der Einwand er=
hoben werden, daß zu Ambrosius' Zeit die heiligen Jungfrauen, wenn
sie nicht Martyrinnen waren, keinen kirchlichen Cult genossen. Denn unser
Lied ist seinem Inhalte und Ursprunge nach offenbar kein Huldigungslied.
Es erklärt sich bei dieser Annahme auch sehr gut, wie das Lied, ursprüng=
lich ein Gebet für Mitglieder eines bestimmten kirchlichen Standes, seinen
Weg in die Liturgie finden konnte. Der Name des Verfassers ebnete
ihm den Weg an eine Stelle, für die es an sich nicht bestimmt war. Es
erklärt sich bei dieser Annahme wiederum auf das ungezwungenste, warum
der Hymnus nicht die bei Ambrosius stereotype und hergebrachte Zahl
von acht Strophen hat. Er war eben kein Lied aus der Zahl derjenigen,
die für die ganze Gemeinde und deren liturgischen Gebrauch geschrieben
waren, er war nur für die Jungfrauen zu deren besonderem Gebrauche,
sei es in der Kirche, sei es im Hause. Es ist unter dieser Hinsicht auf=
fallend, daß der Hymnus gerade vier Strophen, gerade die Hälfte der
gewöhnlichen Anzahl aufweist, gerade so viel, als den Einzelnen, als die
eine Chorseite bei der antiphonarischen Vortragsweise eines achtstrophigen
Hymnus traf. Das alles wären Gründe, die es äußerst plausibel machen
müßten, in dem Liede den später in liturgischen Brauch genommenen

Hymnus virginitatis zu erkennen. Es fragt sich nur, ob Ambrosius einen solchen Hymnus geschrieben oder nicht. Daß dies an sich sehr wahrscheinlich, läßt sich wieder nicht in Abrede stellen. Denn auf der einen Seite war der Hymnengesang sein eigenstes Werk, seine Schöpfung, und ein Werk, mit dem er so viel Beifall fand, mit dem er so viel Gutes erzielte; auf der andern war die Schar der gottgeweihten Jungfrauen der auserwählte Theil seiner Herde, dem er eine Sorge und Vorliebe schenkte, wie sie gleich groß kaum von einem andern Kirchenvater überliefert ist. Was lag da näher, als daß er dieser auserwählten Schar einen eigenen Hymnus, ein eigenes Lied dichtete, das nur sie singen durfte — Abbild und Vorbild des apokalyptischen Liedes, das nur jene weißgekleidete Schar singt, die dem Lamme folgt, wohin immer es geht.

Leider wird aber gerade die Stelle, auf welche diese ganze Annahme sich aufbaute, zum gegründetsten Einwand gegen dieselbe. Sie findet sich in dem Buche De lapsu virginis consecratae 7, 29: „Frustra", so redet der Verfasser die gefallene Susanna an, „hymnum virginitatis exposui, quo et gloriam propositi et observantiam pariter decantares." Die Stelle wurde von den Maurinern auf den 44. Psalm, wenigstens dessen zweite Hälfte bezogen [1], eine Beziehung, die an Wahrscheinlichkeit verliert oder gewinnt, je nachdem man das Buch Ambrosius zuschreibt oder abspricht. In seinem Munde könnten dieselben kaum anders als auf unsern Hymnus bezogen werden, auf welchen diese Worte um so besser passen, als in der That die Strophen 1—3 die Herrlichkeit (gloriam) des jungfräulichen Standes schildern, Strophe 4 mit der Bitte um Beistand dem Vorsatze (observantiam) der Jungfräulichkeit Ausdruck verleiht [2]. Allein das Buch De lapsu virginis con-

---

[1] Auch Wilpert (Die gottgeweihten Jungfrauen [Freiburg i. Br. 1892], S. 12) schreibt: „Daher galt der 44. Psalm als der hymnus virginitatis per excellentiam. ... An die Worte dieses Psalmes lehnten die Bischöfe ihre Ansprachen an." Indes ist ersteres eine bloße Vermuthung der Mauriner, für die irgend ein positiver Grund nicht beizubringen ist; letzteres ist eine ungerechtfertigte Verallgemeinerung. Denn De lapsu virginitatis 5, 19 sagt nur, daß, sei es Nicetas, sei es Ambrosius, bei Einkleidung der Susanna in seiner Ansprache sich der Worte aus Pf. 44 f. bedient habe, nicht aber, daß dies immer oder meistens geschah. So weiß die Ansprache des Liberius bei Einkleidung Marcellinas von dieser Stelle nichts. Cfr. De virginibus III, 1, 1.

[2] Wilpert (a. a. O. S. 13) übersetzt diese Worte also: „Umsonst habe ich dir den Hymnus der Jungfräulichkeit auseinandergesetzt, worauf du die Formel der Weihe hersagtest (quo et gloriam propositi) und das Gelobte zu halten betheuertest (et observantiam pariter *decantares*)."

secratae gehört nicht zu den zweifellos echten Büchern des Ambrosius.
In ein neues Stadium scheint die nicht erledigte Frage durch eine zwischen
622 und 744 entstandene Handschrift der Bibliothek von Epinal getreten
zu sein, in welcher das Werk einem Nicetas episcopus zugeschrieben ist.
Am Schlusse desselben heißt es dann: „Hanc epistolam sanctus emendavit Ambrosius, quia ut ipso auctore fuerat edita, non erat ita, quoniam ab imperitissimis fuerat vitiata. Emendavi. Mediolano."
Daraus würde mit Ballerini, für dessen Ausgabe Amelli die Handschrift
collationirt hat, zu schließen sein, daß der Liber de lapsu virginis wirklich das Werk gleichen Namens ist, welches Gennadius (De viris illustribus c. 22) einem Nicetas „Daciarum episcopo" zuschreibt, daß
dieser Nicetas, Bischof von Remesiana, jetzt Palanka in Serbien, war,
daß aber sein Werk nur in einer Ueberarbeitung durch Ambrosius vorliegt[1]. Letztere Annahme würde in ungezwungener Weise sowohl die
Uebereinstimmung mit als die Abweichung von dem Stile des Ambrosius
erklären. Ist es aber in diesem Falle noch möglich, Ambrosius für den
Verfasser des Hymnus zu halten? Ist dies nicht vielmehr Nicetas? [2]
Und was ist überhaupt auf Rechnung des Verfassers, was auf die des
Bearbeiters zu setzen?

Was nun die äußere wie die innere Form des Hymnus betrifft, so
ist das Metrum wohl gewahrt, obgleich nicht verhehlt sei, daß ein häufigeres
Zusammenfallen von Wort- und Versaccent als in den andern Hymnen
des Ambrosius zu beobachten ist. Die Gedanken sind lauter solche, die
Ambrosius sehr geläufig waren; ja es fehlt nicht an einzelnen Zügen,
die man für deutlichere Hinweise auf ihn anzusehen geneigt ist. So kann
gleich zu 1, 1: Iesu, corona virginum, und zu dem spätern Sponsus
decorus gloria De virgin. I, 5 erwähnt werden: „Christus virginis
sponsus et, si dici potest, virgineae castitatis." De virgin. II, 29:
„Mulieris caput vir, virginis Christus." De lapsu virgin. 5, 21:
„Ceterum, quae se spopondit Christo, iam immortali iuncta est
viro." So ist für 2, 1:

Qui pascis inter lilia,

auf Enarr. in Ps. 118, sermo 14, 3 zu verweisen: „Bona etiam Christi
pascua, qui *pascit in liliis*, in splendore sanctorum." Die Verbesserer

---

[1] Opp. V, 381 sq. Cfr. *Ihm* l. c. p. 73 sq. Danach ist die Argumentation
von *Biraghi* S. 130 nicht mehr angängig.

[2] Daß es im Texte heißt: hymnum exposui, nicht: composui, ist ohne Belang,
da exponere nicht bloß „erklären", sondern auch „verfassen" bedeuten kann. Cfr.

des Römischen Breviers unter Urban VIII. stießen sich an der Form pascis und machten daraus pergis. Obige Stelle zeigt, daß der Römer Ambrosius sich nicht an ihr stieß, sondern sie gerne gebrauchte; so auch Hexaëm. IV, 5, 8: „In meridiano *pascis*, hoc est in ecclesiae loco." Aehnlich braucht er active Form mit medialer Bedeutung De mysteriis 4, 21: „Ergo ille Syrus (gemeint ist Naaman) septies *mersit* in lege", d. h. er wusch sich, wie 4 Kön. 5, 14 berichtet, siebenmal im Jordan. Hinzuzunehmen ist De instit. virg. 15, 93: „*Christi lilia* sunt specialiter sacrae virgines, quarum est splendida sacra virginitas." Mit dem letzten Verse:

Corruptionis vulnera,

bringt Biraghi die Stelle De lapsu virginis 6, 27: „amplexa es *corruptionem*" in Verbindung. Auch 2, 7 ist heranzuziehen: „De Dei virgine facta es *corruptio* satanae", und 4, 11: „Non potest caro corrumpi, nisi mens fuerit ante corrupta", und Aehnliches, Worte, in denen man allerdings eine Anspielung auf den Hymnus erblicken mag. Ueberhaupt wird in dem Buche De lapsu virginis auffallend oft von den Hymnen geredet; außer der erwähnten Stelle 6, 22: „Quomodo oculos tuos non perstringebat lux *vigiliarum* (diese waren, wie wir sahen, von Ambrosius eingeführt), aures tuas non penetrabat *hymnorum* spiritualium sonus?" Und 10, 44: „Recessit sonus *hymnorum* et laetitia psalmorum", wo ausdrücklich zwischen Psalm und Hymnus unterschieden wird. Wenn man einzelne wenige Ausdrücke, wie: „cuius tu nomen baiulas", als Beweise anführen mag, daß der Stil des Werkes von dem des Ambrosius so verschieden sei quantum hoedi ab agnis, dann dürfen aber auch die zahlreichen Stellen nicht übersehen werden, die auf Ambrosius mit verblüffender Deutlichkeit hinweisen, so daß irgend ein Zusammenhang mit ihm schwer abzuweisen sein dürfte.

Nach dem Gesagten können wir vielleicht unser Urtheil dahin zusammenfassen, daß die Abfassung auch dieses Hymnus durch Ambrosius an sich nicht unwahrscheinlich ist; daß diese Wahrscheinlichkeit größer oder geringer wird, je nachdem das Buch De lapsu virginis dem Ambrosius zugeschrieben oder abgesprochen wird; daß aber von einer Gewißheit rücksichtlich dieses Hymnus wie für die vorhergehenden nicht Rede sein kann.

Cic. Or. I, 53 und oben bei Hildemar Ambrosianus, i. e. ab Ambrosio *expositus*. Denken wir uns die Worte im Munde des Nicetas, so werden wir nicht an einem eigentlichen Hymnus festzuhalten haben, wie dies der Fall ist, sobald wir sie Ambrosius in den Mund legen.

Wir kommen zu den drei letzten Hymnen, den kurzen für die jetzt sogen. kleinen Horen Terz, Sext und Non bestimmten Liedern: Nunc sancte nobis Spiritus, Rector potens, verax Deus und Rerum Deus, tenax vigor. Die Schwierigkeiten, Ambrosius für den Verfasser dieser Hymnen zu halten, sind geringer als bei dem eben besprochenen Liede. Daß sie von einem Verfasser herrühren, liegt auf der Hand. Für Ambrosius spricht weit mehr als das bedeutungslose Urtheil Hinkmars, der ihm den ersten der drei beilegt, der althergebrachte liturgische Gebrauch derselben im mailändischen Ritus und die Uebereinstimmung derselben mit seiner Schreibweise. Entgegen steht nur ein doppelter Umstand: der erste, daß die Hymnen nur zwei Strophen haben, während die übrigen Hymnen des Ambrosius deren ausnahmslos acht zählen; der andere, daß wir von Ambrosius einen zweiten, zweifellos echten Hymnus zur Terz besitzen. Nehmen wir an, diese drei Hymnen seien echt, so müssen wir gleichfalls annehmen, er habe für die Terz zwei Hymnen verfaßt; entscheiden wir uns dafür, sie seien unecht, so müssen wir uns ebenfalls dafür entscheiden, daß Ambrosius wohl einen Hymnus zur Terz, aber keinen für Sext und Non gemacht. Die erstere Annahme wird plausibler durch den Umstand, daß der kleine Terzhymnus in den mailändischen Brevieren, ja auch im Cod. Vatic. Reg. für die Wochentage angesetzt wird: Hymnus ad tertiam cotidianus, während der größere dem Sonntage zugewiesen. Warum für die Terz des Sonntags ein längerer, feierlicherer Hymnus gewählt wurde, dafür werden wir die Erklärung in dem Umstande zu suchen berechtigt sein, daß die Gebetsstunde der Terz Sonntags bei größerem Zulaufe der Gläubigen feierlicher sich gestaltete.

Bei der Kürze der Hymnen ist es begreiflich, daß der einzelne nicht so viele prägnante ambrosianische Züge aufweisen kann; haben doch alle drei zusammen noch nicht einmal die Normallänge eines der andern Lieder des Ambrosius. Indes zeigen z. B. die Verse:

   Splendore mane instruis
   Et ignibus meridiem,

unläugbare Verwandtschaft der Ideen mit den ähnlichen aus dem Abendliede des Ambrosius:

   Polique rector, vestiens
   Diem decoro lumine,
   Noctem soporis gratia.

Vergleiche auch Hexaëm. IV, 6, 27: „Adhuc spirans exordium et iam momentaria celeritate *pleni luminis micat splendor* et surgentis solis praevia aura dulcis adspirat."

Auch der Vers des ersten Hymnus: Nostro *refusus* pectori zeigt mit Fingern auf Ambrosius, dem das Wort refundere so geläufig ist. Allein in seinen wenigen Hymnen lesen wir Fidem *refundens* perditis im Osterhymnus, bei dessen Besprechung andere Beispiele aus den prosaischen Schriften beigebracht wurden; im Agnes-Hymnus: Coelo *refudit* debitum; im Epiphaniehymnus: Vini saporem *infuderis;* im Hymnus In Aurora: Iubarque sancti Spiritus *infunde* nostris sensibus; im Hymnus Ad Galli-cantum: Aegris salus *refunditur*. Auch die Stelle In Ps. 118, sermo 19, 30 ist bezeichnend für diese Vorliebe, wo von dem Auferstandenen, der bei geschlossener Thüre in den Saal tritt, gesagt wird: „subito se apostolicis penetralibus improvisus *infudit*", und Hexaëm. IV, 3, 11: „Decedente die nox *infunditur* ... iam sole *infuso* terris." Der Vers:

Os, *lingua*, mens, *sensus*, vigor,

hat augenscheinlich unserem Freunde Ennodius vorgeschwebt, wenn er in seinem Hymnus auf Cyprian schreibt:

Cor, *lingua*, *sensus*, dignitas.

Er zeugt damit wieder, wie so oft, für das Alter des Liedes und indirect für Ambrosius als Autor. Die Worte:

Qui temperas rerum vices,

weisen wieder auf Ambrosius; man vergleiche Hexaëm. IV, 1, 2, woselbst eine Parallele zwischen der irdischen Sonne und der „Sonne der Gerechtigkeit" gezogen wird: „Si magnus est, qui per *horarum vices* locis aut accedit aut decedit quotidie"; ebend. 2, 7: „Est ergo in diei potestate sol et luna in potestate noctis, quae *temporum vicibus* obedire compellitur.... Namque luna luminis imminutionem habet, non corporis, quando per *vices menstruas* deponere videtur suum lumen"; und 4, 12: „Divisa tempora habent paresque mensuras pro *mensium vicibus* sol et luna"; 5, 21: „Tempora autem quae sunt, nisi mutationum *vices?*" Ebend. 6, 28: „Quid autem loquar de tanto *temperamento* et moderamine conditoris, qui eam mensuram muneri solis attribuit?" etc.

Nach alledem haben wir wohl das Recht, zu behaupten, daß die drei kleinen Hymnen aller Wahrscheinlichkeit nach von Ambrosius herrühren, da einzig ihre Kürze ein Grund zum Zweifel sein kann, dieser aber den mancherlei Gegengründen gegenüber als schwächlich erscheinen muß.

Blicken wir jetzt am Schlusse unserer Untersuchung auf die Hymnen zurück, die sich als ambrosianisch nach Form und Gedanken auswiesen, so drängen sich uns einige Züge auf, die wie mit Fingern auf die Einheit des Verfassers hinweisen. Ich will nur auf zwei aufmerksam machen. Ennodius sagt von unserem Dichter:

> Dixit *triumphos* martyrum
> Linguae virentis laureis.

Ist es nicht auffallend, daß unter sämtlichen Martyrer-Hymnen, die wir Ambrosius beigelegt haben, keiner ist, der nicht, ich sage nicht diese Idee des Triumphes zum Ausdrucke bringt, nein, dieses selbe Wort ein-, ja mehreremal gebraucht: Scutum viro sua est fides *et mors triumphus?* So im Hymnus auf Victor, wo auch die Rosse, welche die Heiligen zu Tode schleifen, ein Triumphwagen genannt werden: *Plaustri triumphalis* modo. Im Hymnus auf die Apostelfürsten heißt es 1, 3: Petri *triumphum* nobilem, und gleich darauf 2, 2: Cruor *triumphalis* necis. Von Laurentius singt der Dichter: Egit *triumphum* martyris, und die Martyrer alle nennt er im Hymnus Aeterna Christi munera 2, 2: Belli *triumphales* duces; von jedem derselben sagt er: Mundi *triumphat* principem [1]. Wie konnte Ennodius anders schreiben, als er geschrieben:

> Dixit *triumphos* martyrum?

Noch auffallender ist ein anderer gemeinsamer Charakterzug, eine Lieblingsidee, ein Lieblingswort des Ambrosius, das in allen 14 zweifellosen Liedern wiederkehrt, nur eines ausgenommen. Es ist die Erwähnung des Glaubens, der Fides. Im Hymnus zum Hahnenschrei heißt es 6, 4: Lapsis *fides* revertitur; im Hymnus zur Morgenröthe 5, 3: *Fides* calore ferveat, und 7, 3: *Fides* velut meridies; im Hymnus zur Terz 4, 3:

> *Fidei* replevit veritas
> Totum per orbem ecclesias,

und wieder 7, 1:

> Cui *fidem* coelestibus
> Iesus dedit miraculis.

---

[1] Zu den Martyrerhymnen sind in gewissem Sinne die auf den Apostel Johannes und auf Protasius und Gervasius nicht zu rechnen, da ersterer die confessio des Apostels nur gegen Ende streift, letzterer nicht das Martyrium, sondern die inventio der Brüder feiert.

4. Welches sind die echten Kinder der Muse des Ambrosius?

Im Abendhymnus lesen wir 5, 3 f.:

> *Fides* tenebras nesciat,
> Et nox *fide* reluceat,

und nochmals 6, 3 f.:

> Castos *fides* refrigerans
> Somni vaporem temperet.

Der Weihnachtshymnus schließt mit dem Wunsche, das Licht der heiligen Nacht möge nie erlöschen:

> *Fideque* iugi luceat.

Im Osterhymnus lesen wir 2, 1: *Fidem* refundens perditis; im Hymnus auf Agnes 2, 3: Nutabat in viris *fides*, und von dem Feuer des Götzenopfers hören wir die Heilige ausrufen 6, 1: Hic ignis exstinguit *fidem*. Im Hymnus auf die hll. Victor, Nabor und Felix lesen wir gar:

> 3, 4: Almae *fides* ecclesiae.
> 5, 1: Profecit ad *fidem* labor.
> 6, 4: Veram *fidem* qui possidet.
> 7, 1: Scutum viro sua est *fides*;

im Gervasius-Hymnus, wenn auch mit anderer Bedeutung 4, 2: ubi factum est *fides*; im Petrus-Hymnus: Petrus adaequavit *fidem*; im Laurentius-Hymnus: Romana sacravit *fides*; im Johannes-Hymnus 4, 1: Piscis bonus pia est *fides*; im Hymnus Aeterna Christi munera 6, 1: Devota sanctorum *fides*.

Ex ungue leonem. Wer solche Züge beobachten kann und nicht zu dem Ausrufe kommt: digitus Ambrosii est hic, der wird folgerichtig allen sogen. innern Gründen jede beweisende Kraft absprechen müssen.

II. Die Weisen des heiligen Ambrosius.

1. Wie haben wir uns eine von Ambrosius erfundene Melodie zu denken?

Nachdem wir so weit dem dichterischen Schaffen des Ambrosius unsere Aufmerksamkeit geschenkt haben, müssen wir selbe nunmehr einige Augenblicke seiner musikalischen Thätigkeit zuwenden. Wir haben gesehen, daß die Hymnen des Ambrosius Volkslieder im eigentlichen Sinne des Wortes waren, bestimmt, von der ganzen Gemeinde gesungen zu werden, und so geartet, daß sie in der That vom Volke mit Begeisterung aufgenommen und gesungen wurden. Schrieben doch, wie wir sahen, die Arianer diesen Liedern eine Art magischer Wirkung zu, die Ambrosius selbst nicht läugnet. Sollten mit den Texten auch die Melodien dieser bezaubernden Lieder auf uns gekommen sein? Sollte sich ein Weg finden, eine Möglichkeit ergeben, diese Erstgebornen der Muse des christlichen Gesanges aufzufinden?

Wenn wir uns in der Literatur umsehen, die es unternimmt, uns über den von Ambrosius eingeführten Gesang zu unterrichten, so muß unsere Hoffnung, jemals den Weisen zu lauschen, die Augustin zu Thränen rührten, sehr herabgestimmt, um nicht zu sagen, ertödtet werden. Denn war die Verwirrung der Meinungen groß, der Bestand an Wahrheit gering, wenn wir rücksichtlich der Texte Aufklärung suchten, so wiederholt sich das alles, nur auf weit großartigerem Fuße, betreffs der Melodien. Sehen wir uns um.

Dr. Hugo Riemann gibt uns in seinem Musik-Lexikon[1] folgende Belehrung: „Der ambrosianische Gesang ist eines der räthselhaftesten Kapitel in der Musikgeschichte, da wir von ihm so gut wie gar nichts wissen; fest steht nur, daß Ambrosius den Halleluja- und Antiphonengesang aus Griechenland nach Italien verpflanzte; auch wird er als Urheber des

---

[1] 3. Aufl., Leipzig 1887, S. 27.

Responsoriengesanges angesehen; da er aber auch den Hymnengesang nicht nur nach Italien brachte, sondern selbst sehr viele Hymnen verfaßt hat, so erscheint der ambrosianische Gesang kaum als etwas anderes als der gregorianische, zumal nach unzweideutigen Zeugnissen des hl. Augustin die Jubilationen gerade so den Kern des ambrosianischen Gesanges bildeten, wie nachher den des Gregorianischen. Allem Anschein nach ist der gregorianische Gesang nicht im Princip vom ambrosianischen verschieden gewesen, sondern nur eine umfassende und für die gesamte katholische Christenheit zur Norm gemachte Revision des Kirchengesanges, zu dem seit Ambrosius' Tod (397) ohne Zweifel vieles Neue hinzugekommen war (Gregor I. starb 604); auch scheint es, daß Gregor eine große Anzahl Hymnen ausgeschieden hat, da die Notirung des Antiphonars von St. Gallen nur einen einzigen Hymnus (Crux fidelis) enthält. Die frühern Musikschriftsteller des Mittelalters wissen nichts von dem Unterschied des ambrosianischen und gregorianischen Gesangs, und noch Guido von Arezzo (um 1030) spricht über die Melodien des Ambrosius wie über etwas Allbekanntes. Die Unterscheidung wird wahrscheinlich aufgebracht worden sein, nachdem (im 12. Jahrhundert) der gregorianische Gesang zum öden Einerlei gleich langer Töne erstarrt war." An diesem Exposé ist mehreres auffallend. Eingangs behauptet der Verfasser, daß er vom ambrosianischen Gesange so gut wie gar nichts wisse; dann aber gibt er uns eine ganze Reihe von Aufklärungen, die, wenn sie wahr, auch sehr werthvoll wären, und die er einleitet mit Phrasen, wie: es steht fest, ohne Zweifel, nach unzweideutigen Zeugnissen u. a. Wir hören als ganz feststehend: 1. daß Ambrosius den Antiphonengesang — nach dem Zusammenhange soviel als die Melodien des Antiphonengesanges — aus Griechenland nach Italien verpflanzte, d. h. entlehnte; 2. daß er selbst den Responsoriengesang — d. h. wieder die Melodien zu demselben — erfand, componirte, woraus sich 3. die Folgerung ergibt, daß die Responsorien von den Antiphonen auch deshalb verschieden, weil die einen mit griechischen, die andern mit lateinischen, ambrosianischen Melodien versehen waren. Wir erfahren noch immer als „feststehend", 4. daß der ambrosianische Gesang trotzdem kaum etwas anderes ist als der gregorianische; wir vernehmen 5. den Grund, warum beide Gesangsweisen nicht verschieden sind: da Ambrosius sehr viele Hymnen verfaßte, so ist der ambrosianische Gesang von dem Gregors nicht verschieden; wir erfahren 6. ein Confirmatur aus Augustin, aus dem unzweideutig hervorgeht, daß die Jubilationen den „Kern" des ambrosianischen Gesanges bildeten u. s. w. Gewiß eine respectable Summe von Kenntnissen. Wir wollen für den Augenblick ihre Richtigkeit bezw. Unrichtigkeit ununtersucht lassen, sondern zunächst fortfahren, uns zu unterrichten.

Ein Jahr später erschien desselben Verfassers „Katechismus der Musikgeschichte". Der Katechet stellt S. 10 die Frage: „Welche Bewandtniß hat es mit dem ambrosianischen Gesange?" und läßt das musikalische Kind antworten: „Der hl. Ambrosius theilt das Schicksal vieler hervorragender Persönlichkeiten der Musikgeschichte, daß an ihre Namen die Nachwelt Verdienst auf Verdienst und Erfindung auf Erfindung knüpft, welche die historische Kritik ihnen absprechen muß. Alte Zeugnisse (Aurel von Réaumé im 9. Jahrhundert) bestätigen, daß Ambrosius die Antiphonen aus der byzantinischen Kirche in die römische einführte; es ist mehr als wahrscheinlich, daß er zugleich die Lehre von den Kirchentönen von dort herübernahm. Dagegen sind keine Anhaltspunkte dafür nachweisbar, daß er die Buchstabenschrift mit A—G (gar in dem neuern Sinne, wie sie erst Otto von Clugny gebraucht) eingeführt habe. Unmöglich ist allerdings nicht, daß die alte Orgelnotirung, welche in der Disposition der sieben ersten Buchstaben des Alphabets mit der in Byzanz zuerst gebräuchlichen (A = α = unser c) übereinstimmt, auf ihn zurückzuführen ist, jedenfalls aber nur für die theoretische Erklärung der Tonverhältnisse, nicht als wirkliche Notenschrift. Eine höhere Bedeutung scheint dem Ambrosius als Componisten beizulegen zu sein, da eine Anzahl lateinischer Hymnen ihm zugeschrieben werden, darunter die noch heute gebräuchlichen:

>   Aeterne rerum conditor.
>   Deus, creator omnium.
>   Veni, redemptor gentium.
>   Splendor paternae gloriae.
>   O lux, beata Trinitas."

S. 13 folgt die weitere Frage: „Worin unterschied sich der gregorianische Gesang vom ambrosianischen?" Antwort: „Das Eigenthümliche des gregorianischen resp. von Gregor revidirten Gesanges der christlichen abendländischen Kirche, ohne Zweifel aber bereits des ambrosianischen ist, daß er (bis auf wenige der ältern noch correct scandirten Hymnen) nicht auf gemessene Verse componirt ist, daß ihm nicht poetische Metra zu Grunde liegen, sondern vielmehr wirkliche Prosa (wenn auch solche voll poetischen Schwunges und erhabener Gedanken) oder doch jene dem Mittelalter eigene lateinische Versbildung, welche nicht nach antiken Grundsätzen scandirt, sondern nach moderner Weise betonte und leichte Silben unterscheidet.... Vielleicht wurden zur Zeit des Ambrosius noch einzelne den griechischen nachgebildete Hymnen scandirt gesungen." Man sieht, daß Riemann rasche Fortschritte macht. Besonders befremdet, daß das, was 1887 den „Kern" des ambrosianischen Gesanges bildete, und zwar nach dem unzweideutigen Zeugnisse eines so competenten Gewährsmannes wie Augustin, 1888 nicht mit einem Worte erwähnt wird.

Etwas anderer Meinung ist Dr. Heinrich Adolf Köstlin in seiner „Geschichte der Musik im Umriß"[1]. „Ist es gestattet," schreibt er S. 65 f., „auf Grund der wenigen Anhaltspunkte, die uns vorliegen, Vermuthungen aufzustellen über die Beschaffenheit des ambrosianischen Kirchengesanges, so dürften wir die Sache treffen, wenn wir denselben als den auf die alte Einfachheit zurückgeführten, aller modernen Elemente wie der Enharmonik und Chromatik entkleideten griechischen Chorgesang bezeichnen. Es war nicht eine ganz neue Musik, welche er einführte, sondern die reformirte griechische, reformirt nämlich im Interesse des kirchlichen Ernstes und kirchlicher Würde." Nach Riemann war also der ambrosianische Gesang kaum etwas anderes als der gregorianische; nach Köstlin kaum etwas anderes als der altgriechische Chorgesang.

Greifen wir zu Fétis. In der Biographie universelle des musiciens[1] belehrt er uns wie folgt: „Le système tonal adopté par saint Ambroise fut donc celui des huit tons du chant de l'église grecque, dont quatre (le dorien, le phrygien, le lydien et le mixolydien) étaient authentiques et quatre (l'hypodorien, l'hypophrygien, l'hypolydien et l'hypomixolydien) étaient appelés plagaux. La plupart des chants de l'église grecque furent aussi introduits dans l'église de Milan avec leur mode d'exécution, c'est-à-dire avec leurs ornements, qui entraînaient avec eux l'emploi des petits intervalles (secundum morem orientalium partium, dit saint Augustin). ...

„Enfin ce fut aussi à l'église grecque que saint Ambroise emprunta les hymnes qui se chantaient dans son église. *Il les traduisit* dans la langue latine et conserva au chant son caractère rythmique ou plutôt métrique. La tradition s'en était perpétuée à Milan jusqu'au onzième siècle; car Guido d'Arezzo écrit dans le quinzième chapitre de son micrologue, que celui qui sera cu-

---

[1] 2. Aufl., Tübingen 1880.   [2] 2me éd., I (Paris 1873), 85.

rieux d'apprendre les mètres dans lesquels on chante les trouvera dans le chant ambrosien.

„La distinction entre le chant grégorien et ambrosien consista donc ordinairement d'une part en ce que celui de saint Ambroise était la tradition pure de l'église grecque avec ses ornements et l'usage de certaines suites de sons chromatiques, par exemple:

dans le premier et second mode, tandis que la réforme de saint Grégoire fit disparaître ces successions de sons étrangères au chant diatonique; d'autre part le chant ambrosien était rhythmique, et le grégorien ne l'était pas."

Das heißt, wenn ich nicht irre: Köstlin sagt, der ambrosianische Gesang ist diatonisch, Fétis sagt, er ist chromatisch; Riemann sagt, er ist ametrisch, Fétis sagt, er ist metrisch.

Arrey von Dommer [1] belehrt uns: „Auf dem von Ambrosius in der Mailänder Kirche eingeführten, daher nach ihm ambrosischer Gesang, Cantus Ambrosianus, benannten Gesange liegt jedoch ein so tiefes Dunkel, wie auf dem altebräischen oder ägyptischen Tempelgesang nur immer liegen kann. Wiewohl er lange im Gebrauch gewesen, und Traditionen von seiner Beschaffenheit bis ins 15. und 16. Jahrhundert hinein sich erhalten haben, gründet sich alles, was darüber sich sagen läßt, nur auf Vermuthungen. Monumente fehlen gänzlich. Man hat zwar noch ambrosianische Gesangbücher mit notirten Weisen, doch sind diese keinesfalls original, sondern schreiben erst aus neuerer Zeit sich her. Es ist anzunehmen, daß der Gesang des Ambrosius nichts anderes gewesen sei, als ein dem ebräischen oder griechischen ähnlicher recitirender Vortrag, in welchem der Sprechton vorherrschte, die Stimme nach Art der Psalmodie im wesentlichen denselben Ton forthielt und nur an den Versschlüssen eine mehr melodische Cadenz machte."

Vergeblich suchen wir Licht und Hilfe bei Ambros. Das einzige, was er zu berichten weiß [2], ist die alte Märe von den vier authentischen Tonreihen, nach deren Aufzählung er fortfährt: „Die Ueberlieferung schreibt diese Auswahl dem hl. Ambrosius zu; er gilt für den eigentlichen Begründer des Kirchengesanges, und nach ihm werden jene vier Tonreihen

---

[1] Handbuch der Musikgeschichte (2. Aufl., Leipzig 1878) S. 28.
[2] Geschichte der Musik II, 14.

1. Wie haben wir uns eine von Ambrosius erfundene Melodie zu denken? 93

insgemein als die ambrosianischen Kirchentöne bezeichnet, obgleich es an einem directen Zeugnisse für die Richtigkeit dieser Benennung fehlt."

Die Encyklopädie der evangelischen Kirchenmusik von S. Kümmerle bringt [1] einen längern Artikel „Ambrosianischer Kirchengesang", in dem es heißt: „Nachklänge dieses altehrwürdigen Kirchengesanges haben sich zweifelsohne auch in einigen Choralmelodien der evangelischen Kirche, wie z. B. in ‚Nun komm, der Heiden Heiland', ‚Komm, Gott, Schöpfer, Heiliger Geist', ‚Herr Gott, dich loben wir', erhalten und es wäre darum die nähere Kenntniß desselben auch für die Geschichte des evangelischen Kirchengesanges von hohem Interesse. Allein mit welcher Liebe die historische Forschung auch von jeher bemüht war, Wesen und Weise des ambrosianischen Gesanges zu ergründen, sie konnte zu wirklichen Resultaten nicht gelangen, da von authentischen Quellen, wie Aufzeichnungen in Ritual= und Singbüchern, längst auch die letzte Spur verschwunden ist. Dies erklärt sich leicht daraus, daß nach Einführung des gregorianischen Gesanges kirchliche und weltliche Machthaber vereint bestrebt waren, die ambrosianische Gesangsweise nach Thunlichkeit zu beschränken, ja sie des einheitlichen Gebrauches im Kirchengesang wegen womöglich ganz zu beseitigen . . .

„In der mailändischen Kirche, die den ambrosianischen Ritus in Bezug auf die verschiedene Eintheilung und Ordnung der liturgischen Gesangsstücke sowie deren Zutheilung an den celebrirenden Priester und die Assistenten bis heute festgehalten hat, mögen zwar Erinnerungen an den ambrosianischen Gesang noch leben; allein sie zeigen so wenig wesentliche Verschiedenheit vom gregorianischen, daß sich Schlüsse auf das Wesen des erstern kaum darauf bauen lassen."

So buntscheckig und widerspruchsvoll diese Ausführungen, die sich unschwer vermehren ließen, sind, in einem Punkte stimmen sie auffallenderweise überein, in der Behauptung, es gebe keine Monumente des ambrosianischen Gesanges, keine „Ritual= und Singbücher", dieser Gesang sei verschollen und verklungen und spurlos vom Antlitz der Erde verschwunden. Ist dem so? Keineswegs. Der ambrosianische Gesang ist unter dieser Rücksicht nicht schlechter gestellt als der gregorianische. Mailand singt heute so gut wie Rom, hat seine Monumente so gut wie Rom und war mindestens ebenso conservativ wie Rom. Was fehlt, sind nicht die Monumente, sondern vor allem ein klarer Begriff von dem Inhalt der Worte

---

[1] Bd. I (Gütersloh 1888), S. 33 ff.

„ambrosianischer Kirchengesang". Dieselben sind nämlich doppelsinnig. Sie können gleichbedeutend genommen werden und werden gleichbedeutend genommen mit „mailändischer Kirchengesang", gerade wie gregorianischer Gesang gleichbedeutend ist mit „römischer Kirchengesang". Man kann aber auch unter ambrosianischem Gesang die von Ambrosius selbst componirten und in die Liturgie eingeführten Gesänge verstehen. Beide Begriffe sind himmelweit verschieden, und doch sieht man, wie sie auf Schritt und Tritt verwechselt werden. Nicht alles, was ambrosianischer Gesang ist im ersten Verstande, kann auf Ambrosius als auf dessen Urheber zurückgeführt werden, so wenig als aller sogen. gregorianische Gesang auf Gregor den Großen.

Welche Gesänge, welche Melodien der ambrosianischen Liturgie rühren denn von Ambrosius her, welche nicht? Es kann keinem Zweifel unterliegen, daß Ambrosius, als er 374 zum Bischof von Mailand erwählt wurde, bereits eine Liturgie vorfand, deren Ursprung bis in die apostolische Zeit hinaufreichen mochte. Diese älteste Liturgie knüpfte spätere Tradition an den Namen des hl. Barnabas. Mit welchem Rechte oder Unrechte, kann uns für unsern Zweck gleichgiltig sein. Diese älteste Liturgie wird auch schon einige, wenngleich spärliche Gesänge, vielleicht richtiger Accente, enthalten haben. Wenn Gesangstheile der Liturgie in jene ältesten Zeiten hinaufreichen, so haben wir in erster Linie an die Altargesänge des Priesters sowie an die Psalmentöne zu denken. Neben solchen vor-ambrosianischen Theilen gibt es in der mailändischen Liturgie offenbar Gesänge, die nach-ambrosianisch sind. Zu Ambrosius' Zeit kannte man, wie wir sahen, gewisse tägliche Gebetsstunden, die gemeinsam unter freier Betheiligung des Volkes abgehalten wurden; aber von einem Chorgebete des Clerus, wie wir dasselbe später entwickelt sehen, kann zu seiner Zeit keine Rede sein. Sahen wir doch, daß ganze kirchliche Tagzeiten, wie Prim und Complet, noch unbekannt waren. Und selbst bei den Mönchen, welche zuerst das Chorgebet entwickelt haben, sehen wir dasselbe, wie die ältesten Mönchsregeln beweisen, noch lange Zeit nachher nicht zu völliger Ausbildung gediehen. Demgemäß müssen wir das ganze Gros der mailändischen Gesänge für nach-ambrosianisch halten [1]. Was kann von ihm

---

[1] Gevaert (Der Ursprung des römischen Kirchengesanges [Leipzig 1891], S. 12) bemerkt vom gregorianischen Gesange: „Ausgenommen vielleicht die Gesangsweise der Präfation mit dem an sie anschließenden Chorsatz, dem Sanctus, und einige syllabisch componirte Melodien ambrosianischer Hymnen scheint keines der im heutigen Ritus erhaltenen Gesangsstücke aus dem vierten Jahrhundert herzurühren."

herrühren? Wir können die Sache nicht aprioristisch entscheiden, sondern haben die Quellen zu befragen. Paulinus Diakonus, der jüngere Zeitgenosse und Biograph des Ambrosius, meldet uns: „Hoc in tempore", d. h. zur Zeit der durch Justina erregten kirchlichen Wirren, Ostern 386, „primum antiphonae, hymni ac vigiliae in ecclesia Mediolanensi celebrari coeperunt. Cuius celebritatis devotio usque in hodiernum diem non solum in eadem ecclesia, vero per omnes paene occidentis provincias manet." Ein anderer Zeuge, ebenfalls Augen- und Ohrenzeuge, Augustin, berichtet, daß ihn bei seiner Taufe (25. April 387) der Hymnengesang zu Thränen gerührt habe, und fügt[1] bei: „Non longe coeperat Mediolanensis ecclesia genus hoc consolationis et exhortationis celebrare, magno studio fratrum concinentium vocibus et cordibus. Nimirum annus erat aut non multo amplius, cum Iustina, Valentiniani regis pueri mater, hominem tuum Ambrosium persequeretur haeresis suae causa, qua fuerat seducta ab Arianis. Excubabat pia plebs in ecclesia mori parata cum episcopo suo, servo tuo. Ibi mater mea, ancilla tua, sollicitudinis et vigiliarum primas tenens orationibus vivebat. Nos adhuc frigidi a calore Spiritus tui excitabamur tamen civitate attonita atque turbata. Tunc hymni et psalmi ut canerentur secundum morem orientalium partium, ne populus moeroris taedio contabesceret, institutum est; et ex illo in hodiernum retentum multis iam ac paene omnibus gregibus tuis per cetera orbis imitantibus." Auch Augustin legt somit die Einführung des antiphonarischen Gesanges der Psalmen und der Hymnen ein Jahr vor seine Taufe, d. h. in die Osterzeit des Jahres 386. Wir haben aber oben in der Rede des Ambrosius contra Auxentium, die in eben diesem Jahre gehalten wurde, gehört, wie er den Vorwurf der Arianer, er habe das Volk mit seinen Hymnen behext, theils zugibt, theils zurückweist. Die Hymnen waren also schon vor der Rede gegen Auxentius in Uebung. Es wird von Augustin nicht behauptet, und ist auch an sich kaum denkbar, daß Ambrosius während jener Art von Blockade des Domes (Kürze halber sei der Ausdruck gestattet) die Hymnen oder doch einen oder den andern derselben improvisirt und das Volk ebenso plötzlich zu einem Gesange herangezogen habe, von dem es bis dahin keine Ahnung hatte. Hätte Augustin behauptet, man habe während des Blokus zum erstenmal Hymnen gesungen, dann hätte er

---

[1] Confess. IX, 7.

auch behauptet, man habe da zum erstenmal in Mailand Psalmen gesungen; denn er setzt beide, Hymnen und Psalmen, auf eine Stufe, redet von beiden in einem Athem: hymni et psalmi. Augustin sagt in der That etwas anders, daß man bei dieser Gelegenheit angefangen habe, sowohl die Hymnen als auch die Psalmen vorzutragen more orientalium partium, d. h. antiphonarisch, wie dies die morgenländische Kirche, die griechische so gut wie die syrische, bereits that. Daß wir die Stelle so interpretiren können, geht aus der Parallelstelle des Paulin hervor, der die Antiphonen mit den Hymnen in Verbindung bringt. Diese Annahme stimmt auch vollkommen zur Situation, weil der Ausdruck antiphonae bei Paulin eine Gesangsart besagt, die sehr wohl geeignet war, vor etwaiger Ermüdung zu schützen, und die sich recht gut aus dem Stegreif einrichten ließ. Es ist nämlich ein unerlaubter Irrthum, wenn man dem Worte Antiphon im vierten Jahrhundert die Bedeutung gibt, die es heute hat, und sich auf Paulin berufend behauptet, Ambrosius habe „Antiphonen componirt". Antiphona bedeutet nämlich nicht ein Gesangsstück, sondern eine Gesangsweise, eine Vortragsweise, und wird daher richtiger mit Antiphonie wiedergegeben [1]. Sie besteht in dem wechselweisen Vortrage der Psalmen durch das in zwei Chöre sich theilende Volk. Ebenso unrichtig ist es, wenn man von Responsorien redet, die Ambrosius in Musik gesetzt habe. Auch dieses Wort bezeichnet nicht, was die spätere Zeit daraus gemacht hat, sondern ebenfalls eine Gesangsart, eine andere Vortragsweise der Psalmen [2], darin bestehend, daß das Volk jeden Psalmvers wiederholt, nachdem ein oder mehrere Vorsänger denselben vorgesungen [3].

Paulinus — auf ihn zurückzukommen — schreibt dem Ambrosius ein Dreifaches zu: Einführung der Hymnen, der Antiphonie und der Vigilien. Letztere sind wieder keine Gesangsstücke, sondern eine nächtliche Gebetsfeier, wie alle gemeinsamen Stundengebete aus Psalmengesang, Lesung und Hymnodie bestehend [4]. Was hat also Ambrosius componirt? Ant-

---

[1] Die Antiphonie kam aus dem Morgenlande nach Mailand, von Mailand nach Rom, wo sie unter Papst Cölestin I. (422—432) Eingang fand. Cfr. *Duchesne*, Liber pontificalis I, 230 und 231 Note 1.

[2] Vgl. Ambrosius selbst Hexaëm. III, 5: „Responsoriis psalmorum cantus virorum, mulierum, virginum, parvulorum consonans undarum fragor resultat."

[3] Vgl. Gevaert a. a. O. S. 10.

[4] Das Zeugniß des Paulinus in dieser Sache, die Einführung der Vigilien in die mailändische Kirche durch Ambrosius, ist, wie man sagt, omni exceptione major. Worin indes wesentlich die von Ambrosius eingeführte Neuerung bestand, ob Vigilien im Abendlande schon vor ihm bekannt und in Uebung waren, und wenn, von wem

wort: Die von ihm gedichteten Hymnen, sonst nichts; wenigstens nichts, wovon wir wüßten. Die Quellen reden von nichts anderem. Wer ihm mehr beilegen will, der hat die Pflicht, das zu beweisen. Wir haben nicht einmal das Recht, mehr zu vermuthen, weil jeder gegründete Anlaß zu einer solchen Vermuthung fehlt. Aber Ambrosius ist ja der Schöpfer der mailändischen Liturgie? Genügt denn das Gesagte, um diese ganze Liturgie nach ihm zu benennen? Aber vollkommen. Selbst wenn Ambrosius nichts componirt hätte, sondern nur die Liturgie neu geordnet, aus Vorhandenem zusammengestellt, die Gebete der einzelnen Tagzeiten fixirt, neue Tagzeiten eingeführt hätte, könnte füglich die Liturgie nach ihm benannt werden; wieviel mehr nun, da er so neue, so zweckmäßige, so durchgreifende, so volksthümliche Aenderungen einführte, als die Vigilien, als namentlich die Antiphonie und der Hymnengesang waren.

Wie haben wir uns nun die Melodien, die Ambrosius zu seinen Liedern schuf, zu denken? Wie mögen dieselben ausgesehen haben? Zunächst ist außer Zweifel, daß dieselben ein wahrer und eigentlicher Gesang, keine bloße Recitation waren. Wenn v. Dommer, wie an der schon oben mitgetheilten Stelle, so auch an anderem Orte sagt: „Man darf eher vermuthen, daß der Sprechton darin vorgeherrscht, die Stimme den Anfangston im wesentlichen festgehalten und nur am Ende des Verses eine melodische Biegung oder auch wohl mitunter eine Art Neuma gemacht habe — eine Art recitirenden Vortrags, welche in unsern Collecten und Responsorien bis auf den heutigen Tag sich erhalten hat"[1], so befindet er sich im offenen Widerspruche mit Augustin (Confess. X, 33, 50). Dieser stellt nämlich a. a. O. den eigentlichen Gesang (melos omne cantilenarum suavium, quibus Davidicum psalterium frequentatur) in Gegensatz zur Recitation, welche Athanasius in der alexandrinischen Kirche eingeführt habe (qui tam modico flexu vocis faciebat sonare lectorem psalmi, ut pronuntianti vicinior esset quam canenti), und gibt dann im folgenden zweifellos zu verstehen, welcher Art der mailändische Gesang war, wenn er sagt: „Verumtamen cum reminiscor lacrimas meas, quas fudi ad cantus ecclesiae tuae in primordiis recuperatae fidei meae et nunc ipso quod moveor, non cantu, sed rebus, quae cantantur, cum liquida voce et convenien-

---

und wie oft sie abgehalten wurden, alles das sind Fragen, die für uns hier kein Interesse haben. Es genügt für uns, zu constatiren, daß sie ein Gottesdienst waren, eine liturgische, nicht eine musikalische Neuerung, wie Antiphonie und Responsorium.

[1] Musikalisches Lexikon (Heidelberg 1865), s. v. Ambrosianischer Gesang.

tissima modulatione cantantur, magnam instituti huius utilitatem rursus agnosco." Daß hier der mailändische Gesang gemeint, geht aus Confess. IX, 6, 14, der oft citirten Stelle, hervor. Wenn aber dies von dem Psalmengesange gilt, dessen allein Augustin an ersterem Orte erwähnt, dann um so mehr vom Hymnengesange.

Wir können zweitens nicht anders als annehmen, daß Ambrosius, wenn er Melodien schuf, sich des damals herrschenden musikalischen Systems bediente und bedienen mußte. Dies aber war das griechische. Hier ist zunächst der Ansicht Hermesdorffs zu erwähnen, der in einem längern Artikel „Musik"[1] nicht nur die Gesänge der ältesten christlichen Kirche aus dem jüdischen Tempelgesange herzuleiten, sondern jeden Einfluß der griechischen Musik in geradezu unverständlicher Weise zu läugnen oder zu beschneiden bemüht ist. „Ihrer Substanz und Wesenheit nach", so schreibt er, „kann die Musik des christlichen Alterthums heute nicht mehr genauer erforscht werden, da keine schriftlichen Documente aus jener Zeit erhalten sind, welche einen Einblick in die systematische Grundlage, in Bau, Gliederung und formelle Anordnung des Tonmaterials gestatten." Das heißt mit kurzen deutschen Worten: wir wissen nichts darüber; was aber Hermesdorff nicht hindert, also fortzufahren: „Mit einiger Sicherheit [richtiger vielleicht: mit einigem guten Willen] kann jedoch angenommen werden, daß die Musik des christlichen Alterthums auf der Basis der alttestamentlichen Tempelmusik beruhte und im Laufe der Zeit unter dem Einflusse des alles durchdringenden, veredelnden und verklärenden christlichen Geistes in jene Formen überging, unter welchen uns später die gregorianischen Melodien entgegentreten. Daß nicht unbewußt dem christlichen Kirchengesange im Fortgange seiner Entwicklung bis zur Zeit des hl. Ambrosius etwas Weniges von dem Geiste [nur vom Geiste?] der antik-griechischen Musik sich beigemischt habe, kann wohl nicht bestritten werden; jedenfalls aber wird dieses Wenige nicht im stande gewesen sein, die hergebrachten Formen gänzlich zu durchbrechen und den christlichen Gesang von den aus dem davidischen Tempelgesang hergeleiteten Spuren auf vollständig neue Bahnen hinüberzuleiten." Noch einmal kehrt der Verfasser mit specieller Rücksichtnahme auf Ambrosius zu dieser Lieblingsidee zurück: „Wollte man der Entartung und Verweltlichung vorbeugen, so mußte man vor allem dem Eindringen antik-griechischen Geistes [wieder ist vom Geist die Rede, um den es sich doch gar nicht

---

[1] Kraus, Realencyklopädie der christlichen Alterthümer II, 451 ff.

1. Wie haben wir uns eine von Ambrosius erfundene Melodie zu denken? 99

handelt] in den auf rein jüdischen Traditionen beruhenden Kirchengesang entgegentreten. Erwägt man übrigens, daß im vierten Jahrhundert der hl. Ambrosius und nach ihm der hl. Gregor zu Ende des sechsten Jahrhunderts zur systematischen Begründung der durch die Tradition überkommenen Gesänge aus dem Tonsysteme der Griechen nur das System der Octavengattungen und auch dieses weder vollständig noch im vollen Sinne der griechischen Theorie herübernahm, daß man dagegen dasjenige, was das eigentliche Wesen der griechischen Musik ausmacht, die Lehre von den Tonarten, die Kanonik, Rhythmik, Enharmonik und Chromatik, ganz beiseite ließ, so ist ersichtlich, daß in den traditionellen Gesängen der vier ersten christlichen Jahrhunderte von dem Geiste antik-hellenischer Kunst nur wenig zu finden war. Im Gegentheile läßt diese systematische Begründung erkennen, daß der christliche Kirchengesang des vierten bis sechsten Jahrhunderts seinem innersten Wesen nach noch vollständig von dem Geiste der altjüdischen Tempelmusik getragen war." Und zum drittenmal wird uns mit derselben Behauptung aufgewartet: „Aber auch diese Entwicklung [nach der Verfolgungszeit] haben wir uns immer in engem Anschlusse an den ursprünglichen jüdischen Typus der Gesänge zu denken [warum haben wir?]. Schon die Heiligkeit des Gegenstandes und der Ernst, mit welchem man die Sache behandelte, mußte vor jeder Gemeinschaft mit den frivolen Weisen weltlich-griechischer Musik abschrecken [waren sie denn alle frivol? auch die dorischen und phrygischen? auch die des Tyrtäus u. a.? Kennt Hermesdorff überhaupt eine frivole griechische Weise? Die vier uns erhaltenen sind nichts weniger als ‚frivol'], während anderseits die Sorgfalt und Strenge, mit welcher dieser Theil des Cultus überwacht wurde, und der Eifer und die Liebe, mit der er gepflegt wurde, ebenso rasch und entschieden etwaige Mißbräuche dieser Art unterdrücken mußte. Sodann ist zu beachten, daß der ganze christliche Cultus zunächst [gewiß, aber auch nur zunächst] nur von Judenchristen eingerichtet und gehandhabt wurde; daß besonders der musikalische Theil seiner ganzen Beschaffenheit nach vorerst in seiner Ausführung nur auf die jüdischen Elemente innerhalb der Gemeinden angewiesen war [Beweis?]. Wo diese fehlten, war man genöthigt, tüchtige, mit den jüdischen Traditionen vertraute Sänger zu berufen [woher? wer sagt das?], welche den Gesang leiten und das Volk nach und nach in die Kenntniß desselben einführen sollten. Solche Sänger (Canonici psaltae, Canonici cantores) [solche? d. h. mit den jüdischen Traditionen vertraute? die man weither bezogen hat?] werden schon sehr frühe als eigener Ordo neben den Lectoren, Exorcisten, Ostiariern u. s. w. aufgeführt; so vom hl. Ignatius (Ep. ad Antiochenos n. 12), den Apostolischen Constitutionen, dem Concil von Laodicea, bei Zonaras, Socrates, Sozomenus (vgl. Gerbert I, 32—36)." Der Leser mache sich das Vergnügen, bei Gerbert nachzusehen, er wird da nichts von „solchen" Sängern finden, sondern dem bloßen Namen cantor oder psaltes begegnen. Es wirkt geradezu verblüffend, wenn man diese Suite apodiktischer Behauptungen ohne jede Spur eines Beweises sieht, namentlich, nachdem einem versichert worden, daß man im Grunde genommen weder von dem altchristlichen Gesange einerseits noch von dem alttestamentlichen andererseits [„eine genaue Kenntniß der alttestamentlichen Gesänge in Hinsicht ihrer theoretischen Grundlage steht uns zwar auch nicht zu Gebote"] irgend etwas wisse. Zugegeben, was nicht über jeden Widerspruch erhaben ist[1], daß mit den Psalmen auch deren Singweisen aus der Synagoge an die Kirche übergingen, was folgt daraus für die Melodien der Gesänge christlichen, heiden-christlichen Ursprunges? „Seit Gerbert und Martini", so Delitzsch in Herzogs Realencyklopädie (XII, 323), „ist die Ansicht verbreitet, daß sich in den acht gregorianischen Psalm-Melodien nebst der außerzähligen nur für Ps. 114 gebräuchlichen (tonus peregrinus) ein Ueberbleibsel des alten Tempelgesanges erhalten habe, was bei der jüdischen Nationalität der Erstlingsgemeinde und ihrem erst nach und nach aufgehobenen Zusammenhange mit Tempel und Synagoge an sich gar nicht unwahrscheinlich ist. Aber die jüdische Ueberlieferung, wenn die acht Tonweisen auf sie zurückgehen, ist jedenfalls unter griechischem Einfluß sich selbst ungleich geworden." Ist es nicht einmal gewiß, daß die Psalmenmelodien aus dem Tempel von Jerusalem stammen, wie kann man dann mit solch wissenschaftlicher Ungenirtheit die Abstammung des ganzen christlichen Gesangswesens von den Kindern Abrahams behaupten? Und wenn die wenigen Psalmentöne der Hellenisirung nicht entrinnen konnten, was werden wir dann von den neuerfundenen Liedern der Heidenchristen vollends im vierten Jahrhundert zu denken haben?

Wenn Ambrosius für seine Lieder Melodien schuf, so kann es von vornherein nicht wohl zweifelhaft sein, daß er sich der einzigen Musik

---

[1] Warum verhielt sich denn das Christenthum so ablehnend, und zwar principiell ablehnend, gegen die Instrumentalmusik, die der alten Tempelmusik mindestens ebenso wesentlich war, als es Chroma und Enharmonik der griechischen Musik waren? Und woher weiß denn Hermesdorff, daß die hebräische Musik zur Zeit der Makkabäer, zur Zeit Christi nicht längst hellenisirt war wie so vieles andere? Ich behaupte nichts, ich frage nur.

bediente, die ihm bekannt sein, die er ausüben konnte, der Musik, wie sie die Römer des vierten Jahrhunderts, gleichviel ob Heiden, ob Christen, pflegten. Es ist das so selbstverständlich, daß eine gegentheilige Ansicht Beachtung nur dann beanspruchen könnte, wenn sie mit zwingenden, unablehnbaren Argumenten nachgewiesen würde. Die römische Musik des vierten Jahrhunderts, wenn man überhaupt von einer „römischen" Musik reden kann, war aber eine Entwicklung der griechischen, von dieser wenig oder gar nicht verschieden.

Uebrigens läßt sich das Gesagte auch positiv nachweisen. Denn sämtliche Kirchenväter, die überhaupt auf Musik zu sprechen kommen, reden nur von der griechischen. Sie kennen keine andere. Wenn Clemens von Alexandrien eine gesunde und kräftige Musik empfiehlt, vor der weichlichen und entnervenden warnt, so empfiehlt er nicht etwa die jüdische Musik und warnt vor der hellenischen, heidnischen, sondern er empfiehlt unter Berufung auf Aristoxenus die phrygischen und dorischen Tongeschlechter und warnt vor den chromatischen Melodien. Καταλειπτέον οὖν τὰς χρωματικὰς ἁρμονίας ταῖς ἀχρώμοις παροινίαις[1]. Auf demselben Boden wie Clemens[2] finden wir die Lateiner: Augustin, Boetius, Cassiodorius bis herab auf Isidor von Sevilla. Hätte es eine andere Musik als die griechische, andere Tonarten, andere Regeln gegeben als die griechischen, wäre die griechische Musik der gefährliche Wauwau gewesen, den Hermesdorff aus ihr macht, den man mit Aufbietung aller Kräfte aus dem Heiligthum fernhalten müsse, so ist es unbegreiflich, daß sich nie eine warnende Stimme vernehmen läßt. Wenn es eine andere, eine christliche Musik gab, die sich in einem Gegensatze zu der frivolen griechischen befand, wie konnte Cassiodorius[3], wie Isidor[4] dieselbe absolut todtschweigen und statt ihrer nur die frivole griechische Musik lehren? Cassiodorius, der die Hymnen des Ambrosius, ja die nach-ambrosianischen kannte, schrieb seine Abhandlung für die Mönche, seine dilectissimi fratres, damit sie aus derselben ihre musikalische Wissenschaft schöpfen sollten, und er hat

---

[1] Paedag. II, 4. Stromat. VI, 11. Vgl. Krauße S. 36 f. Man findet nicht selten (so bei Koch, Geschichte des Kirchenlieds und Kirchengesangs I, 63) eine ähnliche Stelle aus Ambrosius' eigenen Schriften citirt, die, wenn sie so lautete, ein persönliches Zeugniß für seine Ansicht vom Chroma wäre: mortiferi cantus *chromatum* scenicorum, qui mentem emolliant ad amores; die Stelle Hexaem. III, 1, 5 lautet aber nach den besseren Ausgaben: quos non mortiferi cantus *acromatum* (statt acroamatum) scenicorum, qui mentem emolliant etc.

[2] Vgl. auch *Basilius*, Sermo ad adolescentes n. 7. *Migne* XXXI, 583.

[3] De artibus et disciplinis c. 5.   [4] Etymologiarum III, 15—24.

kein Wort des Lobes für die Hebräer und keines der Warnung gegen die
frivolen Hellenen. Die Theorie, die er die Mönche lehrt, ist die griechische;
die 18 Tonarten, die er aufstellt, sind genau die 18 Transpositionsscalen
(τρόποι) des Alypius. Cassiodorius schließt seine Arbeit mit einer Art
Literaturangabe: „Apud Latinos autem vir magnificus Albinus librum
de hac re compendiosa brevitate conscripsit, quem in bibliotheca
Romae nos habuisse atque studiose legisse retinemus. Qui si forte
gentili incursione sublatus est, habetis hic Gaudentium Mutiani
Latinum, quem si sollicita intentione relegeritis, huius scientiae
vobis atria patefacit." Diese Autoren enthielten also dieselbe musikalische
Theorie, die Cassiodorius im Abrisse mittheilt — die griechische.

Es ist daher unläugbar richtig, was Thierfelder (De christianorum psalmis et hymnis usque ad Ambrosii tempora p. 35) behauptet, daß Ambrosius seine Hymnen in den griechischen Tonarten geschrieben haben müsse, obwohl das Argument, das er zum Beweise anführt,
nicht stichhaltig erscheint: „Ac primum quidem Ambrosium et sonorum
generibus et modis Graecis usum esse, cognoscimus ex loco illo
Augustini, quo Ambrosium, ut hymni canerentur secundum morem
orientalium partium, instituisse dicit." Denn einmal ist der Ausdruck
orientalium partium zu unbestimmt und könnte von den Anhängern der
Tempelmusik mit gleichem Rechte angerufen werden; andererseits bezieht
sich die Behauptung Augustins bloß auf den antiphonarischen Vortrag
der Psalmen und Hymnen.

Eine förmliche Legende ist es geworden, Ambrosius als den Schöpfer
der spätern Kirchentöne anzusehen. Er soll aus den griechischen Octaven-
reihen eine Anzahl — meist werden vier genannt — entlehnt und zur Grundlage des von ihm geschaffenen Kirchengesanges gemacht haben. Gregor
hätte dann dies System weiter entwickelt, indem er aus den vier Tonarten
acht, vier authentische und vier plagale, gemacht habe. Auch Hermesdorff glaubt offenbar an die Sage, von der Ambros, wie vorerwähnt,
sagt, daß es ihr an jedem directen Zeugnisse fehle, während nach Thierfelder (S. 35) und Krauße (S. 30) Oskar Paul positiv ihre Unhalt-
barkeit nachgewiesen[1]. Wäre Ambrosius der Schöpfer eines neuen musikalischen Systems gewesen, das er dem mailändischen Hymnengesange zu

---

[1] Wiener Recensionen (11. Jahrgang 1865) S. 243. Die Zeitschrift ist mir
nicht zur Hand. Ich gehe der Sache nicht weiter nach, weil sie für unsern Gegenstand von geringer Bedeutung ist.

1. Wie haben wir uns eine von Ambrosius erfundene Melodie zu denken? 103

Grunde legte, einem Gesange, der sich, wie wir sahen, schon im Jahre seines Todes Italien, Afrika, Gallien erobert hatte, unmöglich hätten Cassiodorius und Isidor reden oder vielmehr schweigen können, wie sie geredet und geschwiegen haben.

Ebenso ist Thierfelder durchaus beizupflichten, wenn er den Satz aufstellt, [daß die Melodien des Ambrosius metrisch waren: „Deinde cantui Ambrosiano rhythmum et metrum vindico." Ich möchte mich aber auch hier nicht seiner Beweise bedienen, unter denen wir einem alten Bekannten, Augustins „secundum morem orientalium partium", nochmals begegnen. Wir sind vielmehr berechtigt oder genöthigt, die Melodien des Ambrosius als metrische anzusehen, weil die griechische Musik, die, wie wir sahen, seine Zeit noch vollkommen beherrscht, keine andern als metrische Melodien kennt. Die Metrik ist dem Griechen ein Abschnitt der Musik, seine Lehre vom Tact umfaßt gleichmäßig das Wort und den Ton, wie denn Dichter und Componist in der Regel eine Person sind. Und so war es noch zu Ambrosius' Zeit. Wir brauchen nur Augustins unvollendetes Werk De musica zu öffnen, das er zu Mailand um die Zeit begann, da Ambrosius seine Hymnen dichtete. Magister: *Mŏdŭs*, qui pes est? Discipulus: Pyrrhichius. M.: Quot temporum est? D.: Duum. M.: *Bŏnŭs*, qui pes est? D.: Idem qui et *modus*... M.: Nunc illud quaero, utrum si tympanum vel chordam bis percuterem tam raptim et velociter quam, cum enuntiamus *modus* aut *bonus*, agnosceres et ibi eadem tempora esse an non? D.: Agnoscerem. M.: Vocares ergo pedem Pyrrhichium? D.: Vocarem. Das Metrum ist der Tact des Musikers, der Tact des Musikers das Metrum des Dichters. Demgemäß definirt Augustin die Musik späterhin als „scientia bene movendi" und den Jambus als einen Fuß bestehend „ex brevi et longa, *temporum trium*". Er gibt uns damit, da die Hymnen des Ambrosius sämtlich in Jamben sich bewegen, den Tact seiner sämtlichen Melodien; dieselben sind im dreitheiligen Tacte geschrieben.

Dies hat übrigens auch Gerbert bereits erkannt und anerkannt, wenn er schreibt: „Quodsi rem a sua origine repetamus et, in quo S. Ambrosius ipse elaborarit, consideremus, nimirum in metricis concinnandis hymnis, quorum ipsa pedum dimensio musicae quoddam genus in illa priorum temporum aetate constituit, in hoc iam aliquod cantus Ambrosiani a Romano discrimen deprehendere licet."[1]

---

[1] De cantu et musica sacra I, 252 sq.

Aehnlich mit vollem Rechte Gevaert: „Die erste Klasse sind Hymnen in Versen, deren Text wie der moderner Lieder in Strophen abgetheilt ist und deren Melodien anfänglich strenge rhythmische Messung hatten¹.

Allein steht nicht Augustins bestimmtes Zeugniß dem entgegen? Belehrte uns nicht weiter oben Riemann, daß „nach unzweideutigen Zeugnissen des hl. Augustin die Jubilationen gerade so den Kern des ambrosianischen Gesanges bildeten, wie nachher den des gregorianischen"? Jubilationen aber, wie sie der heutige gregorianische Gesang kennt, d. h. Notenreihen von fünf, zehn, zwanzig Noten über einer einzigen Textsilbe, sind mit dem metrischen Gesange der Alten schlechterdings unvereinbar. Wo sind diese unzweideutigen Zeugnisse Augustins, die alles umstoßen, was wir mit so viel Mühe aufgebaut haben? Riemann schweigt sich darüber völlig aus. Dennoch glaube ich die Stelle zu errathen, an welche er denkt; sie wird auch sonst wohl angezogen. Gevaert hatte in seinem mehrfach berührten Werke den Satz aufgestellt, es seien den reich verzierten und neumirten gregorianischen Melodien andere, weniger reiche, voraufgegangen. Gegen diese Behauptung wendet sich Germain Morin² mit folgender Beweisführung: „Aber worauf stützt sich diese neue Hypothese? Hat man je in den Manuscripten die geringste Spur solcher Meßstücke mit einfachem Gesang gefunden? War vielleicht gar die Idee der melismatischen Gesänge unbekannt vor der Mitte des sechsten Jahrhunderts? Wie sind denn jene herrlichen Stellen zu erklären, in welchen der hl. Augustinus philosophisch die volksthümliche Gewohnheit des Jubilirens erklärt, d. h. die Art, durch eine lange Reihe von Tönen einer Freude Ausdruck zu geben, welche Worte nicht geben können? Wenn die Natur selber dieses Mittel an die Hand gegeben, welcher Grund war vorhanden, es aus der Kirche, dem Herd der wahren Freude, des Lichtes und der Liebe, zu verbannen?" Hierzu werden in der Anmerkung Stellen aus Augustin beigebracht, die wir gleich vorzulegen haben. Lösen wir, bevor wir es thun, das obiger Ausführung zu Grunde liegende Argument aus der erstickenden Umklammerung der rhetorischen Fragen, so lautet es: Wenn es um die Mitte des sechsten Jahrhunderts keine melismatischen Gesänge gegeben, könnte man gewisse Stellen bei Augustin nicht verstehen, oder: Gewisse Stellen bei Augustin beweisen, daß es vor der

---

[1] A. a. O. S. 9 f. Vgl. Krieger, Musica ecclesiastica catholica (Freiburg i. Br. 1872) S. 39.

[2] Der Ursprung des gregorianischen Gesanges (Paderborn 1892) S. 62.

1. Wie haben wir uns eine von Ambrosius erfundene Melodie zu denken? 105

Mitte des sechsten Jahrhunderts melismatische Gesänge gab. Nun, wenn die Stellen bei Augustin überhaupt etwas beweisen, so beweisen sie nicht bloß fürs sechste, sondern für das fünfte, ja für das vierte Jahrhundert, für die Zeit des Ambrosius. Wir haben uns folglich mit denselben zu befassen. Wie lauten die Stellen Augustins?

„Qui iubilat, non verba dicit, sed sonus quidam est laetitiae sine verbis; vox est enim animi diffusi laetitia, quantum potest exprimentis affectum, non sensum comprehendentis. Gaudens homo in exsultatione sua, ex verbis quibusdam, quae non possunt dici et intelligi, erumpit in vocem quandam exsultationis sine verbis, ita ut appareat eum ipsa voce gaudere quidem, sed quasi repletum nimio gaudio, non posse verbis explicare quod gaudet... Maxime iubilant, qui aliquid in agris operantur, copia fructuum iucundati vel messores vel vindemiatores vel aliquos fructus metentes et in ipsa fecunditate terrae et feracitate gaudentes exsultando cantant, et inter cantica, quae verbis enuntiant, inserunt voces quasdam sine verbis in elatione exsultantis animi, et haec vocatur iubilatio. Si quis forte propterea non recognoscit, quia nunquam advertit, advertat de cetero."[1] Aehnliche Stellen finden sich noch mehrere, stets in der Psalmenauslegung. Den exegetischen Zweck kennzeichnet am besten In Ps. 32, sermo 1, 8: „In iubilatione cane. Hoc est enim bene canere Deo, in iubilatione cantare. Quid est in iubilatione canere? Intelligere, verbis explicare non posse, quod canitur in corde. Etenim illi, qui cantant, sive in messe sive in vinea sive in aliquo opere ferventi, cum coeperint in verbis canticorum exsultare laetitia, veluti impleta tanta laetitia, ut eam verbis explicare non possint, avertunt se a syllabis verborum et eunt in sonum iubilationis. Iubilum sonus quidam est significans, cor parturire, quod dicere non potest. Et quem decet ista iubilatio nisi ineffabilem Deum? Ineffabilis enim est, quem fari non potes; et si eum fari non potes et tacere non debes, quid restat nisi ut iubiles, ut gaudeat cor sine verbis et immensa latitudo gaudiorum metas non habeat syllabarum?"

Aus diesen Stellen geht hervor, daß die Winzer und Schnitter zu Augustins Zeiten in Feld und Weinberg jobelten und jauchzten — „jutzen" ist ein süddeutscher Kunstausdruck —, genau wie sie es heute thun. Was

---

[1] Enarr. in Ps. 99, 4.

aber aus dem Jutzen der Winzer für die „melismatischen Gesänge" folgen soll, vermag ich nicht einzusehen. Oder sollen wir etwa glauben, Augustin, dessen strenge Ansichten in kirchenmusikalischen Dingen bekannt sind, der es sich zur Sünde anrechnete, wenn er über dem Gesange ein kurzes das, was gesungen wurde, aus dem Auge verlor, der lange Bedenken trug, auch nur den von Ambrosius eingeführten Gesang in die Kirche zuzulassen, und der, wenn er sich schließlich zu Gunsten der Zulassung des Gesanges entscheidet, ausdrücklich hinzufügt, es solle damit sein letztes Wort nicht gesprochen sein[1]: sollen wir glauben, Augustin habe seine Zuhörer anleiten wollen, in der Kirche nach Art der Winzer zu jutzen?! Gewiß, seine Christen sollen beim Psalmengebete jauchzen, aber beileibe nicht laut in der Kirche, sondern **im Herzen**: Quid est in iubilatione canere? Intelligere, verbis explicare non posse, *quod canitur in corde*. Es ist wirklich nachgerade wünschenswerth, daß diese Stellen Augustins endlich aus dem Repertoire derjenigen verschwinden, die über gregorianischen Gesang schreiben. Denn sie haben damit nichts zu schaffen. Daß es, sei es im vierten, sei es im halben sechsten Jahrhundert, melismatische Gesänge gegeben, ist zwar oft behauptet, aber noch nie bewiesen worden[2].

Unter den wenigen Fragmenten altgriechischer Musik, die uns erhalten sind, befinden sich zwei, die aus der römischen Kaiserzeit, aus dem zweiten Jahrhundert nach Christus stammen, mithin der Zeit des Ambrosius verhältnißmäßig nahe kommen. Wir werden wohl kaum irren, wenn wir uns die Hymnen des Ambrosius diesen Liedern nicht unähnlich

---

[1] Vgl. oben Confess. X, 33, 49: „Ita fluctuo inter periculum voluptatis et experimentum salubritatis magisque adducor, *non quidem irrevocabilem sententiam proferens*, cantandi consuetudinem approbare in ecclesia, ut per oblectamenta aurium infirmior animus in affectum pietatis assurgat."

[2] Zum Beweise, daß die Menschen in großer Freude jauchzen, dazu bedarf man dieses Zeugnisses so wenig wie irgend eines andern. Vermuthlich werden schon Adam und Eva gejauchzt und nach ihrer Vertreibung aus dem Paradiese auch vor Schmerz geseufzt und gestöhnt haben. Aber was hilft uns das rücksichtlich der melismatischen Gesänge des Chorals? Morin schließt zwar: „Wenn die Natur selber dieses Mittel an die Hand gegeben, welcher Grund war vorhanden, es aus der Kirche, dem Herd der wahren Freude, des Lichtes und der Liebe, zu verbannen?" Aber es kann ihm doch kaum entgehen, daß er damit zu viel beweisen würde, wenn überhaupt etwas bewiesen wäre. Denn nicht jede **natürliche** Aeußerung hoher Freude (z. B. Klatschen mit den Händen und Stampfen mit den Füßen) paßt ohne weiteres in die Kirche, und nicht jede natürliche und in sich nicht unpassende Freudenäußerung muß die Kirche ohne weiteres zulassen, mag sie noch so sehr der Herd der Freude sein.

2. Welches sind die von Ambrosius erfundenen Singweisen?

denken. Zur Vergleichung dürfte sich der Hymnus des Dionysius auf die Muse Kalliope schon deshalb am besten eignen, weil auch er, wenigstens in seinem ersten Theile, dreitheiligen Tact und jambisches Metrum aufweist. Dieser Theil lautet nach Westphal [1]:

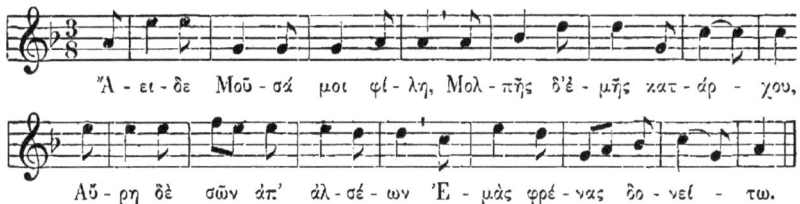

2. Welches sind die von Ambrosius erfundenen Singweisen?

Wie wir im Vorstehenden mehrfach zu vernehmen Gelegenheit hatten, halten manche Autoren die Melodien zu einzelnen deutschen Kirchenliedern für ambrosianisch. So schreibt auch Schletterer: „Es hat sich von den von ihm (Ambrosius) eingeführten Melodien wenig oder gar nichts bis auf unsere Zeit erhalten, obwohl einige Choralmelodien der protestantischen Kirche dem Ambrosius zugeschrieben werden." [2] Als solche Melodien pflegen genannt zu werden: „Nun komm, der Heiden Heiland", „Komm, Gott, Schöpfer, Heiliger Geist", „Herr, Gott, dich loben wir". Die Quelle dieser Tradition kann wohl nur in der Ueberzeugung zu suchen sein, daß, wer die Originaltexte dieser Lieder gedichtet, auch die Weisen zu denselben erfunden habe, ein Grundsatz, dem die hymnologische Forschung für die uns beschäftigenden Zeiten nur beipflichten kann. Wenn sich trotzdem obige Ueberlieferung in zwei von drei Fällen im Irrthum befindet und im dritten nur zufällig das Rechte trifft, so kommt dies daher, weil von jenen Texten zwei nicht von Ambrosius herrühren, während der dritte im deutschen Kirchengesange nicht mehr die Melodie bei sich hat, die ihm ursprünglich angehört. Auch die ganze folgende Untersuchung ruht auf diesem Canon, der sich also formuliren läßt: Die Melodie eines Liedes, von dem gewiß ist, daß es von Anfang an zum Gesange bestimmt war, kann und muß so lange für gleichalterig mit dem Texte angesehen werden, als nicht positive Gründe entgegenstehen. Als ein solcher Grund wird sich

---

[1] Elemente des musikalischen Rhythmus (Jena 1872) S. XVIII.
[2] Geschichte der geistlichen Dichtung und kirchlichen Tonkunst (Hannover 1869) S. 101.

in weitaus der Mehrzahl der Fälle die Thatsache erweisen, daß die
Melodie älter ist als das Lied und zu einem ältern Texte gehörig.
Ein solcher Grund wird vorhanden sein, wenn zu einem Liede mehrere
Weisen in Gebrauch sind, ohne daß sich feststellen läßt, welche die ur=
sprüngliche ist. Ein solcher Grund mag unter Umständen auch dem Stile
einer Melodie entnommen werden, wenn dieselbe eine solche ist, daß es
unmöglich erscheint, für dieselbe eine so frühe oder so späte Abfassungs=
zeit zuzugeben, als sie das Alter des Textes erfordern würde. Die Grund=
lage für diesen Canon bildet die hinreichend beobachtete und beglaubigte
Treue der liturgischen Ueberlieferung, die für die Melodien keineswegs
geringer ist als für die Texte, wenngleich aus begreiflichen Gründen die
Quellen für die Musik spärlicher fließen als für die Worte. Die Noten=
schrift ist eben eine späte Erfindung, Handschriften mit Neumen sind selten
und noch seltener verwerthbar.

Um die Melodien des Ambrosius aufzufinden, haben wir denselben
Weg zu gehen, den wir im ersten Theile dieser Untersuchung gegangen
sind. Sind Melodien des Ambrosius überhaupt noch zu finden, so sind sie
in der mailändischen Liturgie zu suchen. Wir haben uns also nach den
mailändischen Singweisen zu den als ambrosianisch nachgewiesenen Texten
umzusehen, und haben diese Singweisen so hoch hinauf zu verfolgen, als
es uns die Umstände erlauben. Die so vorgefundenen Melodien werden
wir alsdann darauf zu prüfen haben, ob sie den Eigenschaften, die wir
a priori feststellen konnten und mußten, entsprechen, und uns die Frage
beantworten, wie sie zur Zeit ihres Ursprunges gelautet haben werden,
d. h. wir werden ihnen das Metrum zurückzugeben haben, das sie durch
ihre „Gregorianisirung" im Laufe des Mittelalters verlieren mußten.

Wir haben so oft versichern hören, daß es keine „Monumente"
des ambrosianischen Gesanges, keine „Ritual= und Singbücher" mehr
gebe, daß wir fast glaubten, die Hoffnung aufgeben zu müssen. Glück=
licherweise verhält es sich nicht ganz so schlimm. Die Melodien zu
den mailändischen Hymnen sind unter Cardinal Friedrich Borro=
meo gedruckt worden. Das betreffende Werk betitelt sich: Psalterium, cantica et hymni aliaque divinis officiis ritu Ambrosiano
psallendis communia modulationibus opportunis notata Frederici
Cardinalis Archiepiscopi iussu edita. Mediolani, apud haeredes
Pacifici Pontii et Ioannem Baptistam Piccaleum impressorem
archiepiscopalem. MDCXIX. Ich benutze das Exemplar der Pariser
Nationalbibliothek. Der Notendruck dieses Opus ist kein sorgfältiger.

2. Welches sind die von Ambrosius erfundenen Singweisen?

Manchmal erscheint es zweifelhaft, ob eine Note auf oder über der Linie stehe, die Melodie ist aber immer nur einmal gedruckt, nicht zu jeder Strophe wiederholt.

Hierzu kommt handschriftliches Material, leider nicht in der Fülle, wie es uns für die Texte zu Gebote stand. Die zahlreichen und durch Alter ausgezeichneten Handschriften der Ambrosiana enthalten weder Noten noch Neumen. Ein vollständig notirtes handschriftliches Hymnar mailändischen Ritus' ist mir nur einmal begegnet. Es ist dies die Handschrift A 102 der Bibliotheca Trivulziana in Mailand. Wir dürfen sie wohl noch ins 14. Jahrhundert setzen. Sie beginnt mit den Worten: In Christi nomine incipit liber hymnorum per totius anni circulum secundum constitutionem sacratissimi doctorisque patris nostri Ambrosii.

Die übrigen zu verwerthenden Handschriften enthalten meist nur einige Melodien. So enthält Cod. Trivulzian. 509 vom Jahre 1327 mit dem Officium des hl. Victor auch die Melodie zum Hymnus Victor, Nabor, Felix pii. Die Basilica Ambrosiana besitzt in ihrem Archiv ein Antiphonar vom Jahre 1368 ohne Signatur mit drei Melodien zu Texten des Ambrosius. Ein anderes Antiphonar desselben Archivs gleichfalls ohne Nummer gehört dem 13. Jahrhundert an und enthält vier Melodien. Ein Psalterium der Kapitelsbibliothek zu Monza $\frac{C\ 10}{43}$ saec. 13/14. enthält nur die Melodie: Illuminans altissimus.

Soweit die Hilfsmittel mailändischen Ritus'. Es gibt aber noch andere Handschriften, die wir mit Nutzen befragen, und die uns noch ein Jahrhundert höher hinaufführen werden. Es sind dies vor allem Cistercienser-Handschriften. Der Cistercienserorden bediente sich nämlich von Anfang an nicht des römischen, sondern des mailändischen Hymnars. Man liest daher in diesen Handschriften nicht selten Titel, wie: „Incipit hymnarius sancti Ambrosii Mediolanensis episcopi"; so in Cod. Pragensis I G 17. Eine dieser von mir consultirten Handschriften, Cod. 20 des Stiftes Heiligenkreuz, reicht meiner Schätzung nach noch ins zwölfte Jahrhundert hinauf, also in die frühesten Zeiten der Notenschrift. Diese Handschriften sind für unsern Zweck um so werthvoller, als sie, ganz andern Gegenden (Böhmen und Oesterreich) angehörig, eine Art Controle für die mailändische Ueberlieferung seit Gründung des Cistercienserordens bilden; denn sie haben ihre Singweisen nicht direct von Mailand, sondern von Clairvaux. Die Vergleichung lehrt, daß beide Theile gleich conservativ in der Ueberlieferung waren. Da einzelne Hymnen

des Ambrosius aber auch sonst Verbreitung fanden und manchmal auch
ihre Singweisen in die Fremde mitnahmen, können hin und wieder auch
andere Handschriften von Nutzen sein. Diese indes hier aufzuführen,
würde uns zu lange hinhalten. Es genügt, sie gegebenen Falles heran=
zuziehen.

Noch eine Bemerkung, ehe wir die einzelnen Melodien betrachten.
Was wir beim Volksliede gewahren, daß dasselbe im Volksmunde kleine
Veränderungen erleidet, namentlich durch Einflicken von Durchgangsnoten
und Schnörkeln, dasselbe muß sich der sogen. Cantus planus gefallen
lassen. Es hieße Eulen nach Athen tragen, wollten wir dies erst noch
mit Beispielen belegen. Wir werden sehen, wie ein Theil solcher Schnörkel
durch Vergleich verschiedener Handschriften theils ganz in Wegfall kommt,
theils sehr reducirt wird. Daraus leitet sich angesichts des geringen
Alters der Notenhandschriften von selbst die Berechtigung her, nach Ana=
logie des Beobachteten solche Schnörkel auch da zu entfernen, wo eine
ältere Quelle zufällig mangelt. Dies vorausgeschickt, können wir uns
bereits an die Behandlung der einzelnen Melodien machen, wobei wir
wieder der S. 25 aufgestellten Ordnung folgen. Wir werden jedesmal
zuerst die Melodie nach dem Psalterium des Cardinals Borromeo [P] und
dem Hymnar der Trivulziana [T] vorführen, dann die andern Quellen
zum Vergleiche heranziehen und endlich versuchen, der Melodie ihre ori=
ginale Gestalt wiederzugeben. Statt der Choralnoten und =Schlüssel wähle
ich unsere gewöhnlichen weißen Noten und die modernen Schlüssel, sowohl
um den Druck als den Gebrauch zu erleichtern. Bei der Uebertragung
habe ich auf die Dauerwerthe der Noten kein Gewicht gelegt. Der Cantus
planus kennt solche Werthe nicht. Seine Noten sind von gleicher Dauer
und unterscheiden sich nur durch Stärke und Schwäche, eine Abwechslung,
welche der gewöhnliche Redeaccent bestimmt. In unserm Falle ist an den
scheinbaren Dauerwerthen um so weniger gelegen, als die „gregorianisirte"
Melodie für uns ja nur eine Brücke ist, um zu einer Melodie zu ge=
langen, die, was die rhythmischen Verhältnisse anbetrifft, ein völlig anderes
Gesicht haben muß.

1. *Aeterne rerum conditor*. Die Melodie des Liedes stimmt in P
und T Note für Note überein; der einzige Unterschied zwischen beiden
Quellen ist der, daß die Weise in T aus d geht, in P dagegen um eine
Quart erhöht ist unter Vorzeichnung von ♭. Wählen wir die ursprüng=
liche Schreibung:

2. Welches sind die von Ambrosius erfundenen Singweisen? 111

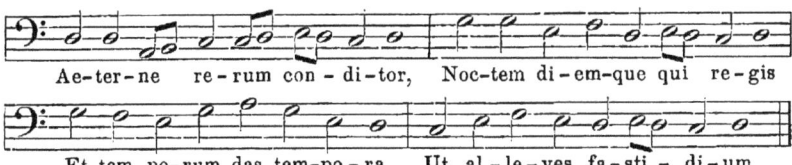

Wir finden dieselbe Melodie in dem erwähnten Antiphonar von Heiligenkreuz mit ganz geringen Abweichungen:

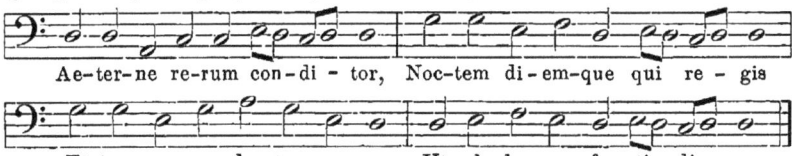

Ich setze dieselbe Melodie noch ein drittes Mal her aus einem Antiphonar des Stiftes St. Florian XI 387, das dem 14. Jahrhundert angehört. Dieselbe schließt sich enger an die zweite Fassung der Melodie an und ist für uns von Interesse, weil sie die einfachste Form derselben darstellt.

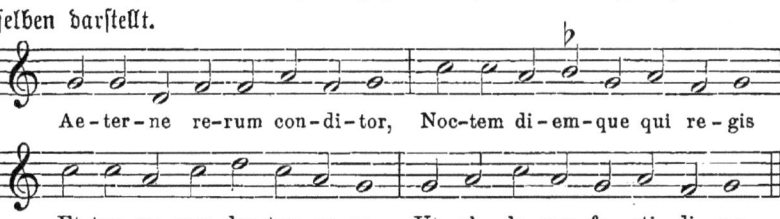

Die Melodie bietet somit nicht die mindeste Schwierigkeit, und wir können ohne weiteres ihr den metrischen Tact wiedergeben. Die Alten begannen ihren Tact mit der Thesis; wir hätten daher streng genommen zu schreiben:

Da indes das Wesen der Sache dadurch nicht alterirt wird und auch bei den Alten Jambus und Trochäus als eine und dieselbe Tactart betrachtet wurden, können wir hier wie im folgenden den Tact nach unserer heutigen Manier umschreiben:

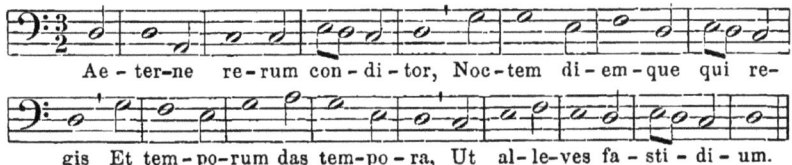

2. *Splendor paternae gloriae.* Für diesen Hymnus bieten die mailändischen Quellen eine doppelte Melodie, eine festliche und eine werktägliche. Welches ist die von Ambrosius herrührende? Es ist an sich denkbar, daß beide von ihm herrühren, da er, wie wir gesehen, aller Wahrscheinlichkeit nach auch zwei Hymnen zur Terz geschrieben. Sind nicht beide von ihm, so dürfte dem Ferial=Hymnus der Vorzug zu geben sein, aus dem Grunde, weil die Ferial=Officien durchgängig der älteste Theil sind. Es spricht ferner für diesen Hymnus der Umstand, daß die Cistercienser diese Melodie, nicht die festliche, adoptirt haben, sowie daß die festliche Melodie, so wie die mailändische Ueberlieferung sie bietet, nicht von Ambrosius herrühren kann. Dennoch schließen diese Gründe die festliche Melodie nicht völlig aus. Denn auch sie ist zugleich mit dem Texte frühzeitig außerhalb Mailands verbreitet worden und zeigt in der ältesten Fassung eine so einfache Form, daß sie sich völlig in die Art der ambrosianischen Singweisen einfügt.

A. Nehmen wir zunächst die feriale Singweise vor. Sie lautet nach T also:

Die Melodie findet sich auch in dem Antiphonar von Heiligenkreuz und vollkommen übereinstimmend mit diesem in zwei andern Cistercienser=Antiphonaren aus dem Anfange des 14. Jahrhunderts, die sich auf der Prager k. k. Universitätsbibliothek befinden und die Bezeichnung VI E 17 und I G 17 tragen. Die Melodie lautet hier:

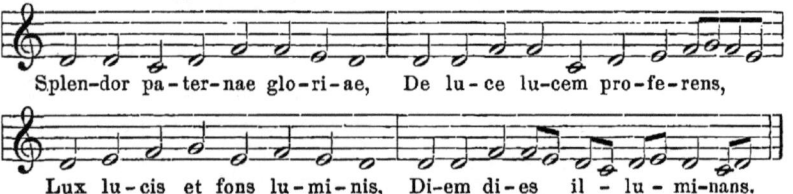

Man sieht, daß die Hauptabweichung der beiden Lesarten in der zweiten Periode liegt, die in den Cistercienser=Handschriften der vierten entsprechend gestaltet ist. Am Schlusse der zweiten Periode ist ein Melisma angebracht, von dem einleuchtet, daß es nur eine Brücke von g nach d darstellt und somit als unrechtmäßiger Schnörkel zu entfernen ist. Es ist die einzige Aenderung, die nöthig ist, um das Lied in metrischen Rhythmus zu setzen. Wir folgen dabei der mailändischen Lesart, vereinfachen aber um ein geringes die vierte Periode nach Analogie der zweiten in den Cistercienser-Handschriften:

B. Die festiva lautet im gedruckten Psalter (P) also:

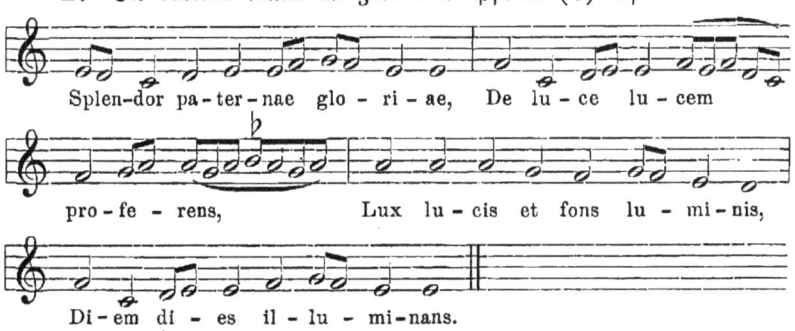

Hiermit stimmt, den Schluß der dritten Periode ausgenommen, das vorerwähnte Antiphonar der Basilica Ambrosiana aus dem 13. Jahrhundert in allem überein.

Nicht so T, weshalb es nöthig wird, seine Lesarten zu notiren; den Schluß der dritten Periode bildet auch das Antiphonar der Basilica wie folgt:

Wie man sieht, ist die zweite Periode in beiden Lesarten melismatisch verziert oder verunziert, wenn auch in T schon weniger als in P. Wir finden aber die Melodie, allerdings außerhalb Mailands, aber in einer weit ältern Quelle wieder, und diese ältere Quelle zeigt uns, daß die Melodie ursprünglich melismenfrei war. Es ist dies ein Antiphonar von Nevers aus dem 12. Jahrhundert, Nationalbibliothek von Paris, Nouvelles acquisitions 1235. Die Melodie hat hier folgende Gestalt:

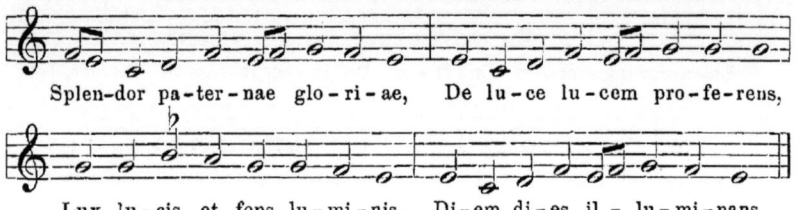

Wir sehen aus dieser Fassung deutlich, weshalb die Melismen von P und T; das dreimalige g nacheinander war den Sängern zu nüchtern. Dies Festhalten des Tones auf mehreren Silben ist aber gerade charakteristisch für die ältesten Hymnenmelodien. Dieselbe Melodie findet sich wieder, abermals nicht ohne Abweichungen, in einem Hymnar von Neapel aus dem 13. Jahrhundert, Nationalbibliothek zu Neapel, Signatur VI G 29. Das Hymnar ist in longobardischer Schrift geschrieben und wird vom Handschriftenkatalog ins neunte Jahrhundert gesetzt, was aber entschieden irrig ist. Die Melodie steht hier um eine Terz erhöht. Bequemerer Vergleichung halber versetze ich sie in die gleiche Lage, welche sie in den übrigen Quellen hat:

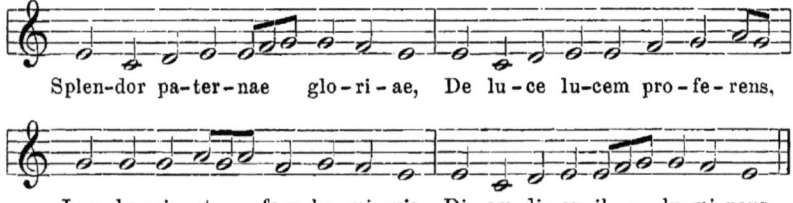

Endlich sei wieder das Antiphonar von St. Florian XI 387, 14. Jahrhundert, erwähnt. Die Melodie ist hier zu fünf Hymnen verwendet: Splendor paternae gloriae, Aeterna coeli gloria, Ales diei nuntius, Nox et tenebrae et nubila, Aurora iam spargit polum. Sie ist aber hier aus der Tonart gerathen, alle Perioden mit Ausnahme der zweiten schließen in f statt in e. Ich corrigire den Fehler, indem ich nur der letzten Note den verlorenen Platz wiedergebe. Dagegen ist kein einziges Melisma vorhanden, jede Silbe hat nur eine Note:

2. Welches sind die von Ambrosius erfundenen Singweisen?

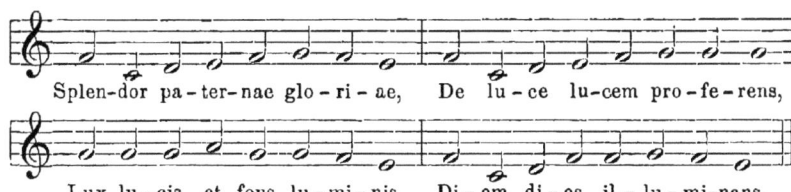

An der Hand dieses Materials läßt sich die ursprüngliche Fassung ungefähr so herstellen:

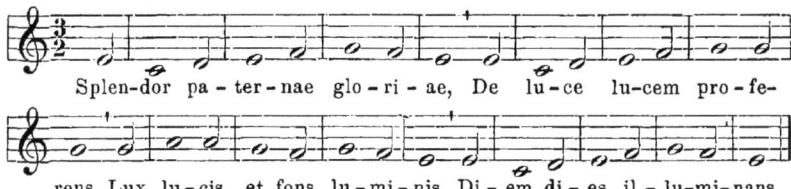

Es ist nicht möglich, sich die Urform des Liedes wesentlich anders zu denken. Die Eintönigkeit des fortwährenden Wechsels von Länge und Kürze liegt im antiken System und würde auch nicht beseitigt, wenn man die kleinen Melismen des Antiphonar von Nevers belassen wollte. Ich beginne die dritte Periode mit g, weil die Mailänder Lesart wohl nur durch das am Schluß der zweiten eingefügte Melisma dazu kam, den folgenden Satz mit a zu beginnen, wo alle andern Quellen g haben.

3. *Iam surgit hora tertia.* Nicht alle Hymnen des Ambrosius haben eigene Melodie; es folgen deren oft mehrere einer und derselben Weise. Derjenigen, die nun zur Behandlung kommt, sind drei verschiedene Texte eigen, nämlich außer dem obigen noch die Hymnen: *Intende, qui regis Israel* und *Aeterna Christi munera*. Die Melodie tritt mit nicht unerheblichen Varianten auf. Zum Texte Iam surgit hora tertia und Aeterna Christi munera lautet sie in T:

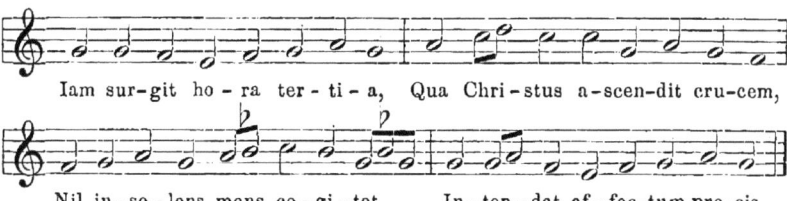

Ganz so lautet die Melodie mit Ausnahme der dritten Periode in P; die ganze Verschiedenheit ist die folgende:

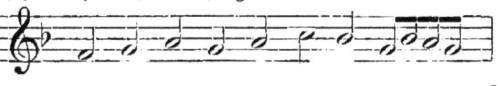

Abweichender lautet dieselbe Melodie in denselben Quellen zum Texte Intende, qui regis Israel. Und doch ist es unmöglich, die Identität beider Melodien zu verkennen. Folgendes die Fassung in T:

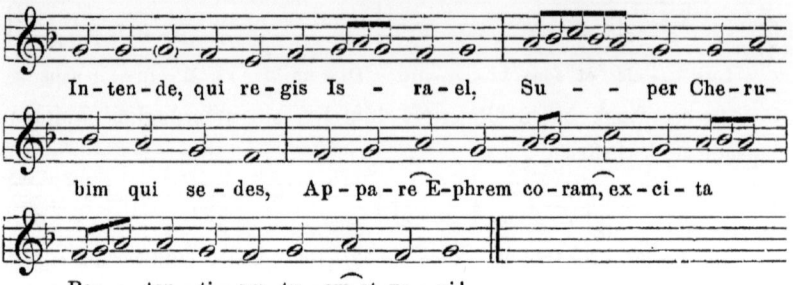

Die Abweichungen der Melodie in P zu demselben Texte sind:

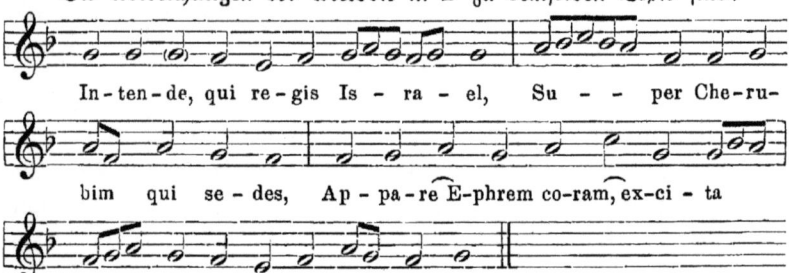

Sehen wir uns nach andern Quellen um, so finden wir die Melodie wieder in dem schon erwähnten Antiphonar von Nevers; sie lautet hier:

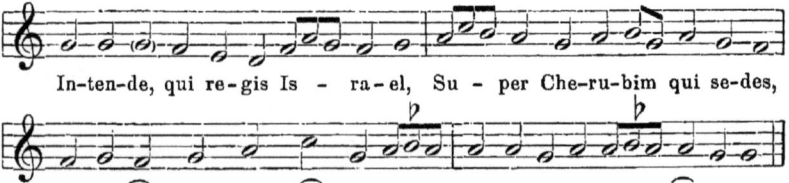

Damit stimmt fast ganz überein das Antiphonar von Heiligenkreuz, die Prager Cistercienser-Antiphonare VI E 17 und I G 17 sowie das Hohenfurter Antiphonar CLIV, letzteres aus dem 15. Jahrhundert:

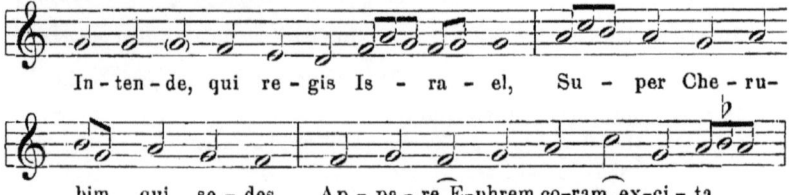

2. Welches sind die von Ambrosius erfundenen Singweisen?   117

Po-ten-ti - am tu-am et ve - ni!

Von dieser Lesart weicht nur I G 17 ein einziges Mal ab, indem es in der vierten Phrase nicht e f, sondern f e liest. Zum Texte Iam surgit hora tertia findet sich die Melodie am Schlusse eines Graduals von Gülbencron aus dem 13. Jahrhundert, Prag D VI 18, und in den Cistercienser-Antiphonaren VI E 17 und XIII A 5 b, beide aus dem 14. Jahrhundert, in letzterem zum Text Aeterna Christi munera.

Die Melodie lautet in den drei Quellen identisch:

Iam sur-git ho-ra ter-ti - a,   Qua Chri-stus as-cen-dit cru-cem,

Nil in-so-lens mens co-gi-tet,   In-ten - dat af-fec-tum pre-cis.

Aus den mitgetheilten Lesarten ergibt sich, daß die Melodie des Textes Intende, qui regis Israel etwas mehr verziert worden, und daß das einzige störende Melisma, das am Schlusse der Periode 3 übrigbleibt, als Zuthat anzusehen ist; schon die verschiedenen Formen, die es annimmt, beweisen dies, sowie das der ursprünglichen Melodie fremde Bemollisiren. Die Urform des Liedes werden wir uns demnach ungefähr so zu denken haben:

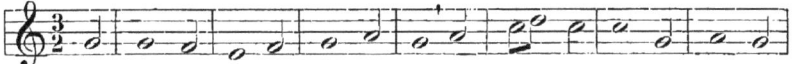
Iam sur - git ho - ra ter - ti - a, Qua Chri - stus as - cen - dit cru-

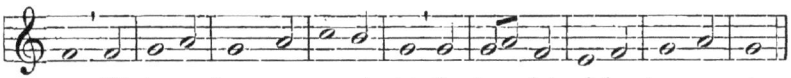
cem, Nil in-so-lens mens co-gi-tet, In-ten - dat af-fec-tum pre-cis.

Aus dem Gesagten geht hervor, daß die im deutschen Volksgesange (bei Katholiken und Protestanten) gebräuchliche Weise des Liedes: „Nun komm der Heiden Heiland", die dem gregorianischen Gesange entlehnt ist, nicht von Ambrosius herrühren kann, da das Originallied im mailändischen Ritus stets mit einer andern Melodie, der obigen, auftritt.

4. *Nunc sancte nobis Spiritus* und die beiden andern Lieder für die kleinen Horen haben nur eine Melodie. Dieselbe ist nach T die folgende:

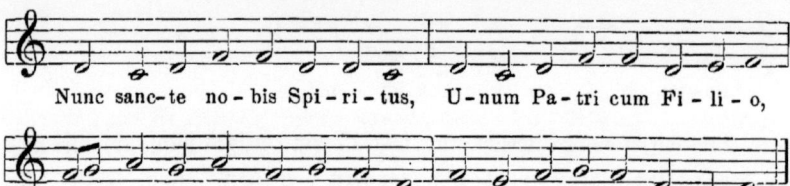

Damit stimmt die Fassung von P überein bis auf Periode 3, die folgende Abweichung ergibt:

Diese Fassung findet sich in den meisten Handschriften, die wir vergleichen können. Das Antiphonar von Nevers gibt die Melodie in folgender Form:

Die andern Abweichungen am Schlusse der zweiten und am Anfange der vierten Periode erklären sich aus dem Bestreben, thunlichst die folgende Periode mit derselben Note beginnen zu lassen, mit welcher die vorhergehende schloß. Wir werden dieselben daher trotz des höhern Alters dieser Handschrift nicht zu berücksichtigen haben. Ein notirtes Brevier der Abtei Coldingham aus dem 13. Jahrhundert (London, Harley 4664) gibt eine schon verschnörkeltere Gestalt der Singweise und kann als Muster dafür dienen, wie die Sänger ihre Weisen allmählich verunstalteten und schwerfällig machten:

Einfacher tritt uns die Melodie wieder entgegen in den Prager Cistercienser-Handschriften VII F 11 und XIII E 11, die später der

Carthusia Waldicensis gehörten, und von denen die erstere aus dem 13., die zweite aus dem 14. Jahrhundert stammt:

Noch einfacher die Prager Handschrift XIII C 14 aus dem 14. Jahrhundert, die sich in manchem den mailändischen wieder nähert:

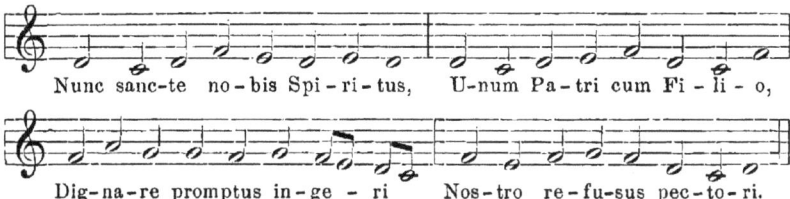

Wir werden also die Urform der Melodie uns zu denken haben wie folgt:

5. *Deus creator omnium*. Die Melodie hat nach T die folgende Gestalt:

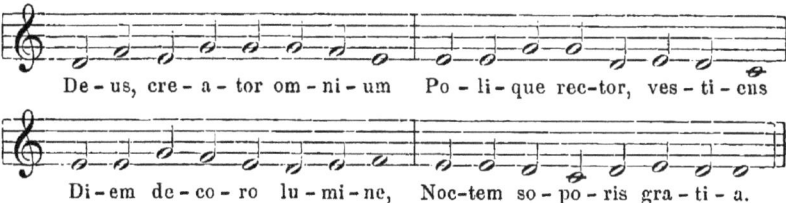

Eine Quart erhöht, befindet sich die Melodie in dem Antiphonar von Heiligenkreuz, mit dessen Lesart die Prager Handschriften VI E 17 und I G 17 völlig übereinstimmen. In die originale Tonlage zurückversetzt:

120   II. Die Weisen des hl. Ambrosius.

Di-em de - co - ro lu-mi-ne, Noc-tem so-po-ra gra-ti-a.

Etwas abweichendere Melodiebildung — vorstehende Lesart ist nur und zwar bloß in ihrem zweiten Theile verschnörkelt — zeigt das Antiphonar von Nevers; es ist ebenfalls eine Quart höher notirt:

De-us, cre - a - tor om-ni-um Po-li-que rec-tor, ves - ti-ens

Di-em de-co-ro lu-mi-ne, Noc-tem so-po-ris gra-ti-a.

Ich füge noch die Lesart des Antiphonar XI 387 von St. Florian (14. Jahrhundert) bei, hauptsächlich, weil das Melisma am Schluß der dritten Periode hier noch erweitert ist. Es geht daraus hervor, wie berechtigt man ist, solche Verzierungen zu unterdrücken; auch dann, wenn man zufällig den handschriftlichen Beweis für die spätere Zuthat derselben nicht zu erbringen vermag:

De-us, cre-a-tor om-ni-um Po-li-que rec-tor, ves - ti - ens

Di-em de-co-ro lu-mi-ne, Noc-tem so-po-ris gra-ti-a.

Danach kann über die Urform des Liedes kein Zweifel bestehen; sie mußte lauten:

De-us, cre - a-tor om-ni-um Po-li-que rec-tor, ves-ti-

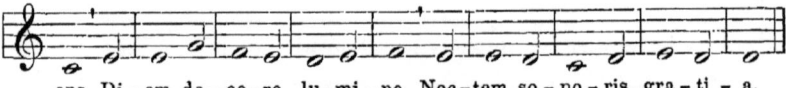
ens Di-em de-co-ro lu-mi-ne, Noc-tem so-po-ris gra-ti-a.

6. *Amore Christi nobilis.* Die Melodie zu diesem Liede finden wir in T also notirt:

A-mo-re Chri-sti no-bi-lis Et fi-li-us to-ni-tru-i

II. Welches sind die von Ambrosius erfundenen Singweisen? 121

Ar-ca-na Io-han-nes De-i Fa-tu re-ve-la-vit sa-cro.

Fast genau so finden wir die Melodie wieder in P; nur an zwei Stellen, Schluß von Periode 1 und Periode 4, zeigen sich Abweichungen:

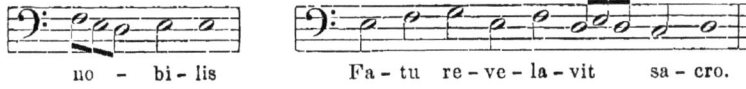
no - bi-lis   Fa-tu re-ve-la-vit   sa-cro.

Die Melodie steht aber hier nach g erhöht unter Vorzeichnung von ♭; die folgenden Quellen, die Prager Handschrift VI E 17 und das Antiphonar 159 von Kremsmünster, haben die originale Lage. In ersterem zeigt die Melodie folgende Gestalt:

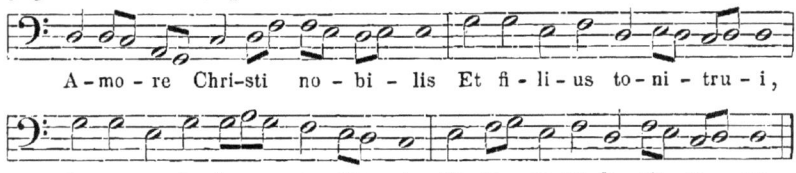
A-mo-re Chri-sti no-bi-lis Et fi-li-us to-ni-tru-i,
Ar-ca-na Io-han-nes De-i Fa-tu re-ve-la-vit sa-cro.

Hiervon weicht die andere Aufzeichnung so gut wie gar nicht ab, sie liest nur zweimal (Periode 2 und 4) fe d statt f d. Versuchen wir aus diesen Vorlagen die Urform herzustellen, so werden wir dieselbe beiläufig also uns denken müssen:

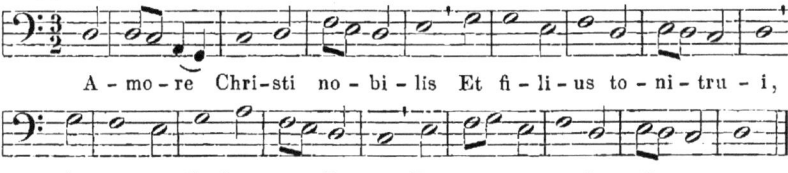
A-mo-re Chri-sti no-bi-lis Et fi-li-us to-ni-tru-i,
Ar-ca-na Io-han-nes De-i Fa-tu re-ve-la-vit sa-cro.

7. *Illuminans altissimus.* Die Melodie zu diesem Hymnus lautet in T, P und dem Psalterium $\frac{C\ 10}{43}$ der Kapitelsbibliothek von Monza (13. bis 14. Jahrhundert) übereinstimmend wie folgt:

Il-lu-mi-nans al-tis-si-mus Mi-can-ti-um as-tro-rum glo-bos,
Pax, vi-ta, lu-men, ve-ri-tas, Ie-su, fa-ve pre-can-ti-bus.

Die vorerwähnten Prager Cistercienser-Handschriften VI E 17 und I G 17 und mit ihnen übereinstimmend ein Antiphonar (148) von

Seitenstetten aus dem Jahre 1504 bieten dieselbe Melodie fast ohne Ab=
weichungen. Es ist nicht nöthig, die ganze Melodie zu wiederholen; es
genügt, die eine Lesart:

zu notiren. Demgemäß ergibt sich folgendes als die voraussichtliche Ur=
form des Liedes:

8. *Apostolorum supparem*. Der Melodie des Laurentiusliedes folgen
auch der Hymnus auf die hl. Agnes: *Agnes, beatae virginis* und der
Hymnus *Iesu, corona virginum*. Die Melodie lautet in T, mit dem
P im wesentlichen übereinstimmt:

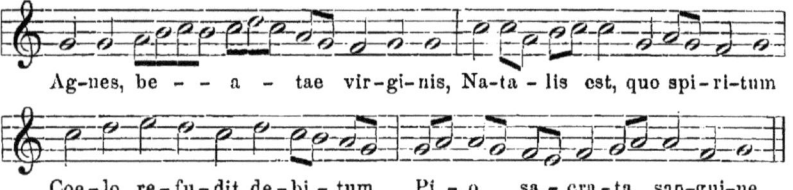

Von den Abweichungen in P ist lediglich der Schluß bemerkenswerth:

sowie daß der Anfang des Liedes g͡f g, statt g g lautet. Gleichen An=
fang und Schluß wie P haben auch die beiden Prager Handschriften
VI E 17 und XIII A 5 b, sowie das eben erwähnte Antiphonar von
Kremsmünster. Wir sind daher mangels weiterer Hilfsmittel bei Eruirung
der ursprünglichen Melodie darauf angewiesen, mit einigen der Melismen
nach Analogie der bisher beobachteten Fälle zu verfahren. Zu bemerken
ist mit Rücksicht hierauf, daß das erste Melisma in den drei letztgenannten
Handschriften nur drei Noten (a c h) hat:

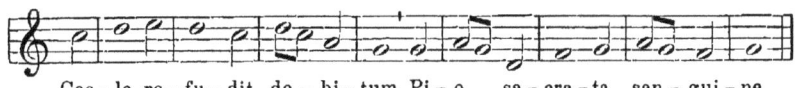

Coe-lo re-fu-dit de-bi-tum Pi-o sa-cra-ta san-gui-ne.

9. *Hic est dies verus Dei.* Die Melodie dieses Osterliedes ist in allen mailändischen und in allen Cistercienser-Handschriften die des Veni Creator Spiritus, eine der schönsten Hymnenmelodien, die es gibt. Da der Text des Osterliedes älter ist als der des Veni Creator und immer mit dieser Melodie erscheint, so folgt, daß die Melodie jenem Liede ursprünglich angehört und von ihm für die Pfingsthymne entlehnt ist, nicht umgekehrt. Stellen wir zunächst die verschiedenen Lesarten zusammen, hauptsächlich um das Variiren der Melismen zu veranschaulichen.

a) Hymn. Trivulzian. und Psalter. imp. 1619.

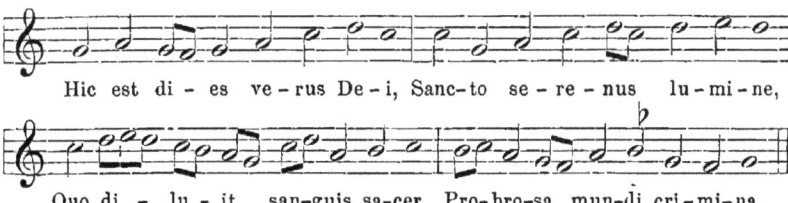

Hic est di-es ve-rus De-i, Sanc-to se-re-nus lu-mi-ne,

Quo di-lu-it san-guis sa-cer Pro-bro-sa mun-di cri-mi-na.

b) Antiph. Nivernense saec. 12.

Ve-ni, Cre-a-tor Spi-ri-tus, Men-tes tu-o-rum vi-si-ta,

Im-ple su-per-na gra-ti-a, Quae tu cre-as-ti pec-to-ra.

c) Antiph. Sanctense saec. 13.

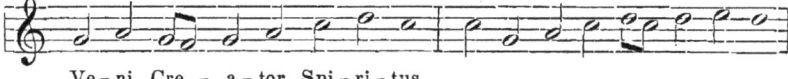

Ve-ni, Cre-a-tor Spi-ri-tus.

d) Antiph. Senecense saec. 13.

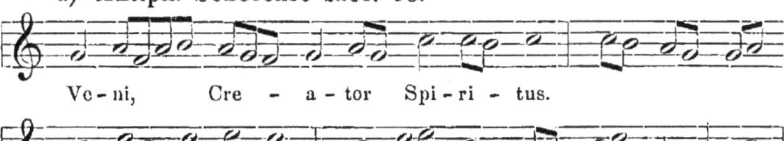

Ve-ni, Cre-a-tor Spi-ri-tus.

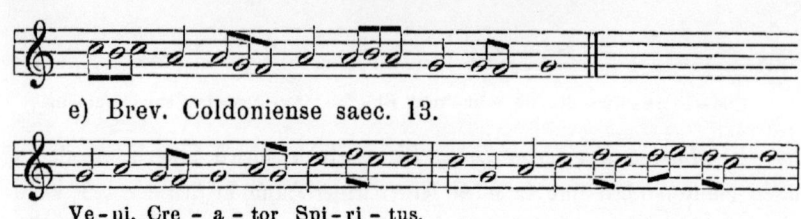

e) Brev. Coldoniense saec. 13.

Ve-ni, Cre-a-tor Spi-ri-tus.

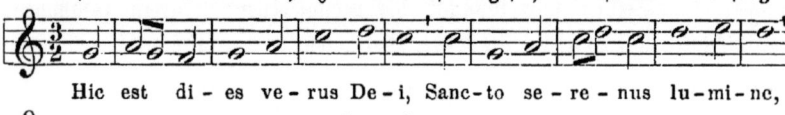

Vergleichen wir die verschiedenen Lesarten, so wird sich der Versuch, der Urform des Liedes nahe zu kommen, ungefähr darstellen wie folgt:

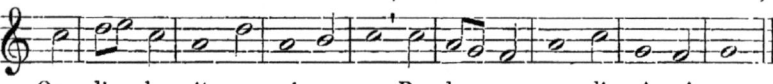

Hic est di-es ve-rus De-i, Sanc-to se-re-nus lu-mi-ne, Quo di-lu-it san-guis sa-cer Pro-bro-sa mun-di cri-mi-na.

10. *Grates tibi, Iesu, novas.* Der Hymnus auf Gervasius und Protasius hat eine und dieselbe Melodie mit dem Liede *Victor, Nabor, Felix pii*. Da diese Hymnen specifisch mailändische Heilige verherrlichen, haben sie sich außerhalb des mailändischen Sprengels nicht verbreitet; auch die Cistercienser nahmen diese beiden Lieder nicht mit auf. Mit T stimmen bis auf eine einzige Note überein Cod. Trivulzianus 509 vom Jahre 1327 und die beiden Antiphonare der Basilica Ambrosiana, von denen das eine aus dem 13. Jahrhundert, das andere aus dem Jahre 1368 stammt. Nach diesen Quellen lautet die Singweise:

Gra-tes ti-bi, Ie-su, no-vas   No-vi   re-per-tor mu-ne-ris
Pro-ta-si-o, Ger-va-si-o Mar-ty-ri-bus in-ven-tis ca-no.

Davon weicht P, an sich eine spätere Quelle als die vorigen, die aber ältere Vorlagen wiedergeben mag, ab wie folgt:

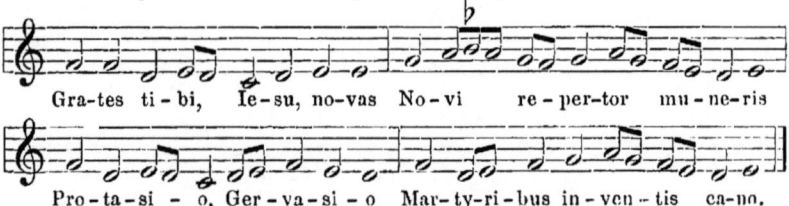

Gra-tes ti-bi, Ie-su, no-vas No-vi   re-per-tor   mu-ne-ris
Pro-ta-si-o, Ger-va-si-o Mar-ty-ri-bus in-ven-tis ca-no.

Danach haben wir also die ursprüngliche Form zu reconstruiren etwa wie folgt:

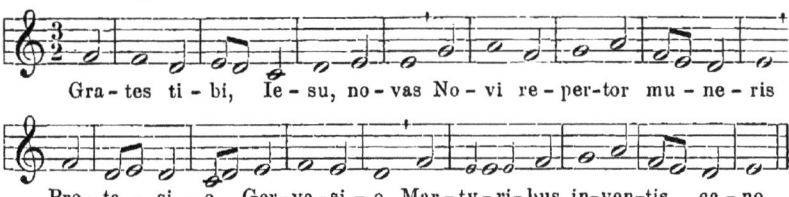

11. *Apostolorum passio.* Die letzte Melodie, welche uns zu beschäftigen hat. T bietet die folgende Fassung:

Damit stimmen die beiden eben erwähnten Antiphonare der Basilica Ambrosiana überein. Auch die Abweichungen von P sind höchst gering; sie beschränken sich auf eine Durchgangsnote an zwei Stellen, wo T einen Terzschritt hat. Es ist daher überflüssig, die Melodie nach denselben zu wiederholen. Wir finden dieselbe Melodie zum Texte Apostolorum supparem wieder in einem Brevier des zwölften Jahrhunderts, Cod. 14 der Kapitelsbibliothek von Perugia. Sie steht hier um eine Quint erhöht in d:

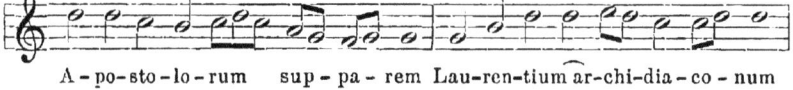

Stellen wir den ursprünglichen Rhythmus wieder her, so erhalten wir folgende Melodie:

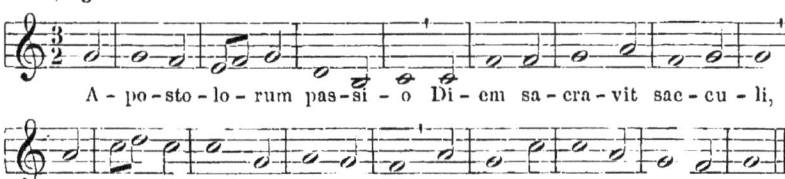

Es ist auffallend, daß diese Melodie sich außerhalb Mailands nicht findet, namentlich daß die Cistercienser, die den Text haben, sich zu demselben einer völlig andern Melodie bedienen. Dasselbe thun sie bei dem Hymnus Post Petrum primum principem, der im mailändischen Ritus die vorstehende, bei den Cisterciensern eine ganz verschiedene Melodie trägt. Man braucht ihre Melodien nur einmal zu sehen, um zu erkennen, daß bei ihnen an Ambrosius als Urheber nicht zu denken. Solch melismatische Melodien ließen sich nicht ohne Gewalt in metrischen Rhythmus zwängen, und nicht, ohne aufzuhören, dieselbe Melodie zu sein. Man vergleiche z. B.:

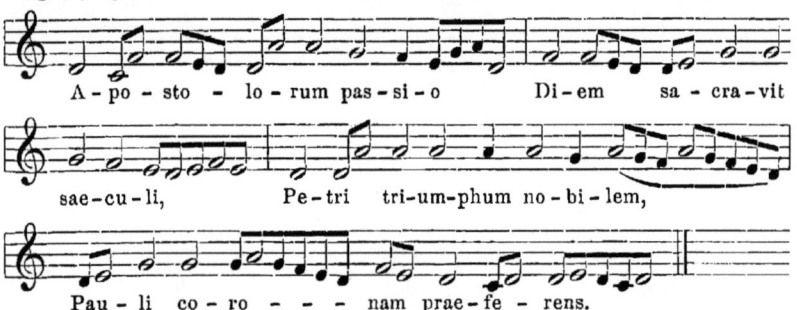

Warum ist diesmal nicht, wie doch sonst meist, mit dem Texte auch die Melodie herübergenommen? Vielleicht geschah es, weil die Melodie gegen die Regeln verstieß, welche spätere Zeit für die kirchlichen Tonarten aufgestellt hatte. Dieselbe mußte als im mixolydischen Kirchenton geschrieben erscheinen. Dann aber stieg die Melodie um mehrere Töne zu tief unter die Finale hinab[1]. Dieselbe mochte also den mittelalterlichen Theoretikern als ungesetzmäßig erscheinen und deshalb verworfen werden. Diese Sünde gegen die Regeln der mittelalterlichen Theorie ist für uns gerade ein Beweis für das Alter der Melodie, die aus einer Zeit stammen muß, in der jene Regeln noch nicht erfunden, der Ambitus der Melodien noch nicht so eng umschrieben, der Unterschied zwischen authentischen und plagalen Tonarten noch nicht festgelegt war.

Diese Wahrnehmung leitet uns von selbst dazu über, mit einem kurzen Rückblick auf unsere Melodien dies Kapitel zum Abschluß zu bringen. Daß sich dieselben vielfach ohne jede Aenderung, stets ohne größere oder gewaltsame Aenderung in metrischen Rhythmus umsetzen

---

[1] Dasselbe gewahren wir übrigens in einigen andern Hymnen: einen nach den später die Kirchentonarten regelnden Gesetzen zu großen Ambitus der Melodie unterhalb der Tonica.

lassen, darf als ein Beweis angesehen werden, daß wir einen richtigen Weg eingeschlagen und das erzielte Resultat im großen und ganzen — natürlich nicht rücksichtlich jeder einzelnen Note — als ein gesichertes betrachten dürfen. Es könnte zwar dem oberflächlichen Beobachter scheinen, als ob sich das von uns vorgenommene Experiment unschwer mit allen gregorianischen Melodien vornehmen lasse. Eine solche Meinung wäre höchst irrthümlich. Es gibt gewiß eine große Anzahl von andern Melodien, die, weil aller Melismen entbehrend, einer Tactirung kein Hinderniß entgegensetzen; aber es gibt deren eine ebenso große Anzahl, bei denen dies nicht der Fall ist. Wäre der von uns betretene Weg ein unberechtigter und irreführender gewesen, so hätten wir doch wohl das eine oder andere Mal auf eine Weise stoßen müssen, die sich gegen eine Metrisirung spröde erwiesen hätte. Man braucht nur den Versuch mit andern Melodien zu machen. Hätten wir Ambrosius irrthümlich Hymnen zugewiesen, die ihm nicht gehören, oder wären die unserer Untersuchung zu Grunde liegenden Principien überhaupt irrig, so hätten wir doch auch einmal auf eine Melodie stoßen können, wie jene ist, die wir an letzter Stelle mitgetheilt. Hätten wir für unsere Untersuchung keine mailändischen, sondern nur Cistercienser-Hymnare zur Verfügung gehabt, wir wären nicht zum Ziele gekommen. Wir hätten den Hymnus Apostolorum passio entweder Ambrosius absprechen oder annehmen müssen, daß er seine Melodie gewechselt, wodurch die Grundlage der ganzen Untersuchung, wenn auch nicht umgeworfen, so doch unangenehm erschüttert worden wäre.

Wir sehen ferner, wenn wir die gewonnenen Melodien überschauen, daß dieselben, wie sie einer ausgesprochenen Familienähnlichkeit nicht entbehren [1], so nichts enthalten, was gegen die Anforderungen verstieße, welche wir a priori für eine Melodie aus der Zeit des Ambrosius aufstellen mußten. Sie sind metrisch-diatonisch und bewegen sich in den griechischen Tonarten. Und zwar gehören von den elf Melodien sechs dem phrygischen (kirchen-dorischen), vier dem hypophrygischen (kirchen-mixolydischen), nur eine dem dorischen (kirchen-phrygischen) Tongeschlechte an. Er hält sich also in der Benutzung der Tonarten in der sowohl von den alten Griechen wie von Clemens von Alexandrien befürworteten Beschränkung; daß mit Ausnahme einer dorischen Melodie alle übrigen Weisen in der phrygischen Ton-

---

[1] Abgesehen von der häufigern Wiederkehr einzelner Wendungen, findet sich die ganze zweite Periode der dritten Melodie wörtlich wieder als dritte Periode der elften Weise. Diese Art, sich selbst zu benutzen, kennen wir bereits als gut ambrosianisch.

gattung sich bewegen, ruft unwillkürlich das Wort des Lucian in seinem Harmonides ins Gedächtniß, der das Phrygische als die göttliche Tonart bezeichnet, d. h. die für gottesdienstlichen Gebrauch geeignetste: τῆς Φρυγίου τὸ ἔνθεον [1]. Wenn Gevaert [2] sagt: „So wie zu Rom der Tempel ‚aller Götter‘ (das Pantheon) in die ‚allen Martyrern‘ geheiligte Kirche umgewandelt wurde, und wie die ‚Mutter Gottes‘ an die Stelle der Magna Mater deorum (Kybele) trat, wie in Konstantinopel die hl. Sophia [3] die Minerva ersetzte, so wurde später gar manche Melodie, welche zu Ehren des Apollon oder Jupiter erklungen war, berufen, den wahren Gott zu feiern", so ist das eine Annahme, welche zwar möglich, aber nicht nachzuweisen, ja in sich nicht einmal wahrscheinlich ist, am wenigsten für die Zeit des Ambrosius, da das Heidenthum noch seine Symmachus hatte. Wohl aber können wir auf diese Lieder mit mehr Recht noch als bisher die Worte Ernsts von Lasaulx anwenden: „Sollte in dem allem nicht ein Nachklang uralter Lieder sich finden, welcher aus der Tiefe der Jahrhunderte zu uns herüberklingt, unzähligemal durchempfunden und gesungen, die Substanz der Gefühle ganzer gestorbener Völker enthält und gerade darum so mächtig jedes gesunde Herz ergreift?" [4] Oder wen sollte die wundervolle Weise des Veni Creator nicht doppelt ergreifen, wenn er bedenkt, wie begeistert sie zu Ostern 386 erklang, als die Gothen Justinas Ambrosius und sein Volk in der Basilica belagert hielten und Monika und Augustin darob in Thränen der Rührung zerflossen?

---

[1] Harmonides c. 1, ed. Paris. p. 249.   [2] A. a. O. S. 23.

[3] Die ἁγία Σοφία war übrigens der göttlichen Weisheit, nicht einer weiblichen Heiligen geweiht, wie obige Worte Gevaerts nahe zu legen scheinen.

[4] Die Philosophie der schönen Künste S. 156.

Anhang.

Melodie I.

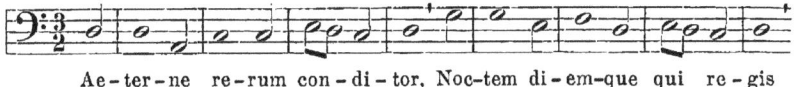

Ae-ter-ne re-rum con-di-tor, Noc-tem di-em-que qui re-gis

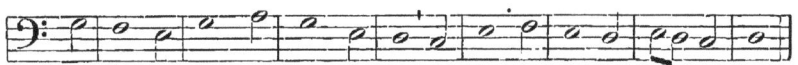

Et tem-po-rum das tem-po-ra, Ut al-le-ves fa-sti-di-um.

Hymnus I.
Ad Galli-cantum.

1. Aeterne rerum conditor,
   Noctem diemque qui regis
   Et temporum das tempora,
   Ut alleves fastidium;

2. Praeco diei iam sonat,
   Noctis profundae pervigil,
   Nocturna lux viantibus,
   A nocte noctem segregans.

3. Hoc excitatus lucifer
   Solvit polum caligine,
   Hoc omnis erronum chorus
   Vias nocendi deserit.

4. Hoc nauta vires colligit
   Pontique mitescunt freta,
   Hoc ipse, petra ecclesiae,
   Canente culpam diluit.

5. Surgamus ergo strenue,
   Gallus iacentes excitat
   Et somnolentos increpat,
   Gallus negantes arguit.

6. Gallo canente spes redit,
   Aegris salus refunditur,
   Mucro latronis conditur,
   Lapsis fides revertitur.

7. Iesu, labantes respice
   Et nos videndo corrige;
   Si respicis, lapsus cadunt,
   Fletuque culpa solvitur.

8. Tu lux refulge sensibus
   Mentisque somnum discute,
   Te nostra vox primum sonet
   Et ora solvamus tibi.

Dreves, Aurelius Ambrosius.

Melodie II.

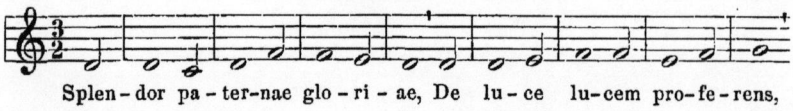

Splen-dor pa-ter-nae glo-ri-ae, De lu-ce lu-cem pro-fe-rens,

Lux lu-cis et fons lu-mi-nis, Di-em di-es in-lu-mi-nans.

Hymnus II.

In Aurora.

1. Splendor paternae gloriae,
 De luce lucem proferens,
 Lux lucis et fons luminis,
 Diem dies inluminans.

2. Verusque sol, inlabere
 Micans nitore perpeti,
 Iubarque sancti Spiritus
 Infunde nostris sensibus.

3. Votis vocemus et Patrem,
 Patrem perennis gloriae,
 Patrem potentis gratiae:
 Culpam releget lubricam.

4. Informet actus strenuos,
 Dentem retundat invidi,
 Casus secundet asperos,
 Donet gerendi gratiam.

5. Mentem gubernet et regat
 Casto, fideli corpore,
 Fides calore ferveat,
 Fraudis venena nesciat.

6. Christusque nobis sit cibus,
 Potusque noster sit fides,
 Laeti bibamus sobriam
 Ebrietatem Spiritus.

7. Laetus dies hic transeat,
 Pudor sit ut diluculum,
 Fides velut meridies,
 Crepusculum mens nesciat.

8. Aurora cursus provehit,
 Aurora totus prodeat,
 In Patre totus Filius,
 Et totus in Verbo Pater.

Melodie III.

Iam sur-git ho-ra ter-ti-a, Qua Chri-stus as-cen-dit cru-cem,

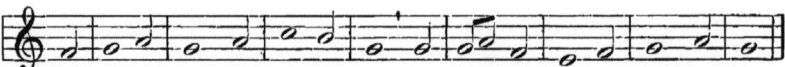

Nil in-so-lens mens co-gi-tet, In-ten-dat af-fec-tum pre-cis.

Hymnus III.
Ad Horam tertiam.
(In Dominicis.)

1. Iam surgit hora tertia,
   Qua Christus ascendit crucem,
   Nil insolens mens cogitet,
   Intendat affectum precis.

2. Qui corde Christum suscipit,
   Innoxium sensum gerit
   Votisque perstat sedulis
   Sanctum mereri Spiritum.

3. Haec hora, quae finem dedit
   Diri veterno criminis
   Mortisque regnum diruit
   Culpamque ab aevo sustulit.

4. Hinc iam beata tempora
   Coepere Christi gratia,
   Fidei replevit veritas
   Totum per orbem ecclesias.

5. Celso triumphi vertice
   Matri loquebatur suae:
   En filius, mater, tuus,
   Apostole, en mater tua.

6. Praetenta nuptae foedera
   Alto docens mysterio,
   Ne virginis partus sacer
   Matris pudorem laederet.

7. Cui fidem coelestibus
   Iesus dedit miraculis,
   Nec credidit plebs impia;
   Qui credidit, salvus erit.

8. Nos credimus natum Dei
   Partumque virginis sacrae,
   Peccata qui mundi tulit
   Ad dexteram sedens Patris.

Melodie IV.

Nunc sanc-te no-bis Spi-ri-tus, U-num Pa-tri cum Fi-li-o,

Dig-na-re promp-tus in-ge-ri Nos-tro re-fu-sus pec-to-ri.

Hymnus IV.
Ad Horam tertiam.
(Quotidianus.)

1. Nunc sancte nobis Spiritus,
   Unum Patri cum Filio,
   Dignare promptus ingeri
   Nostro refusus pectori.

2. Os, lingua, mens, sensus, vigor
   Confessionem personent,
   Flammescat igne caritas,
   Accendat ardor proximos.

Hymnus V.
Ad Horam sextam.
(Melodie IV.)

1. Rector potens, verax Deus,
   Qui temperas rerum vices,
   Splendore mane instruis
   Et ignibus meridiem:

2. Exstingue flammas litium,
   Aufer calorem noxium,
   Confer salutem corporum
   Veramque pacem cordium.

Hymnus VI.
Ad Horam nonam.
(Melodie IV.)

1. Rerum, Deus, tenax vigor,
   Immotus in te permanens,
   Lucis diurnae tempora
   Successibus determinans;

2. Largire clarum vespere,
   Quo vita nunquam decidat,
   Sed praemium mortis sacrae
   Perennis instet gloria.

Melodie V.

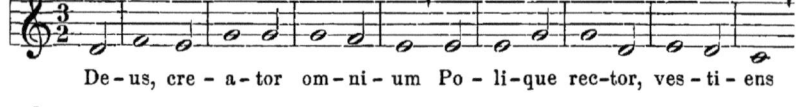
De - us, cre - a - tor om - ni - um Po - li - que rec - tor, ves - ti - ens

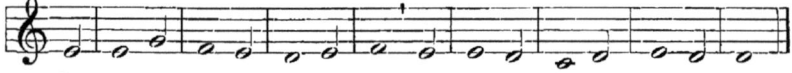
Di - em de - co - ro lu - mi - ne, Noc - tem so - po - ris gra - ti - a.

Hymnus VII.
Ad Horam incensi.

1. Deus, creator omnium
   Polique rector, vestiens
   Diem decoro lumine,
   Noctem soporis gratia,

2. Artus solutos ut quies
   Reddat laboris usui
   Mentesque fessas allevet
   Luctusque solvat anxios;

3. Grates peracto iam die
   Et noctis exortu preces,
   Voti reos ut adiuves,
   Hymnum canentes solvimus.

4. Te cordis ima concinant,
   Te vox canora concrepet,
   Te diligat castus amor,
   Te mens adoret sobria.

Anhang.

5. Ut cum profunda clauserit
Diem caligo noctium,
Fides tenebras nesciat,
Et nox fide reluceat.

6. Dormire mentem ne sinas,
Dormire culpa noverit,
Castos fides refrigerans
Somni vaporem temperet.

7. Exuta sensu lubrico
Te cordis alta somnient,
Nec hostis invidi dolo
Pavor quietos suscitet.

8. Christum rogemus et Patrem,
Christi Patrisque Spiritum,
Unum, potens per omnia,
Fove precantes, Trinitas.

Hymnus VIII.
In Natali Domini.
(Melodie III.)

1. Intende, qui regis Israel,
Super Cherubim qui sedes,
Appare Ephrem coram, excita
Potentiam tuam et veni.

2. Veni, redemptor gentium,
Ostende partum virginis,
Miretur omne saeculum:
Talis decet partus Deum.

3. Non ex virili semine,
Sed mystico spiramine
Verbum Dei factum est caro
Fructusque ventris floruit.

4. Alvus tumescit virginis,
Claustrum pudoris permanet,
Vexilla virtutum micant,
Versatur in templo Deus.

5. Procedat e thalamo suo,
Pudoris aula regia,
Geminae gigas substantiae,
Alacris ut currat viam.

6. Egressus eius a Patre,
Regressus eius ad Patrem,
Excursus usque ad inferos,
Recursus ad sedem Dei.

7. Aequalis aeterno Patri,
Carnis trophaeo cingere,
Infirma nostri corporis
Virtute firmans perpeti.

8. Praesepe iam fulget tuum,
Lumenque nox spirat novum,
Quod nulla nox interpolet
Fideque iugi luceat.

Melodie VI.

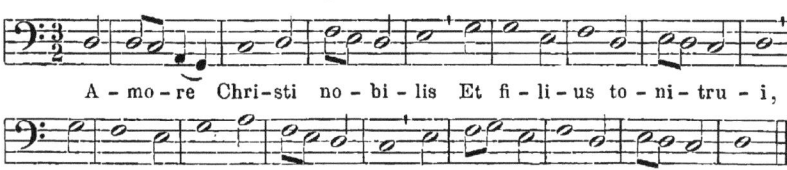

A - mo - re Christi no - bi - lis Et fi - li - us to - ni - tru - i,

Ar - ca - na Io - han - nes De - i Fa - tu re - ve - la - vit sa - cro.

Hymnus IX.
In sancti Iohannis.

1. Amore Christi nobilis
Et filius tonitrui,
Arcana Iohannes Dei
Fatu revelavit sacro.

2. Captis solebat piscibus
Patris senectam pascere,
Turbante dum nutat salo,
Immobilis fide stetit.

3. Hamum profundo merserat,
Piscatus est Verbum Dei;
Iactavit undis retia,
Vitam levavit omnium.

4. Piscis bonus pia est fides
Mundi supernatans salo,
Subnixa Christi pectore,
Sancto locuta Spiritu:

5. In principio erat Verbum,
Et Verbum erat apud Deum,
Et Deus erat Verbum, hoc erat
In principio apud Deum;

6. Omnia per ipsum facta sunt.
Sed ipse laude resonet
Et laureatus Spiritu
Scriptis coronetur suis.

7. Commune multis passio
Cruorque delictum lavans;
Hoc morte praestat martyrum,
Quod fecit esse martyres.

8. Vinctus tamen ab impiis
Calente olivo dicitur
Tersisse mundi pulverem,
Stetisse victor aemuli.

Melodie VII.

In‑lu‑mi‑nans al‑tis‑si‑mus Mi‑can‑tium as‑tro‑rum glo‑bos,
Pax, vi‑ta, lu‑men, ve‑ri‑tas, Ie‑su, fa‑ve pre‑can‑ti‑bus.

Hymnus X.
In Epiphaniis Domini.

1. Inluminans altissimus
Micantium astrorum globos,
Pax, vita, lumen, veritas,
Iesu, fave precantibus,

2. Seu mystico baptismate
Fluenta Iordanis, retro
Conversa quondam tertio,
Praesente sacraris die;

3. Seu stella partum virginis
Coelo micans signaverit,
Et hoc adoratum die
Praesepe Magos duxeris;

4. Vel hydriis plenis aquae
Vini saporem infuderis, —
Hausit minister conscius,
Quod ipse non impleverat.

5. Aquas colorari videns
Inebriare flumina,
Elementa mutata stupet
Transire in usus alteros.

6. Sic quinque millibus virum
Dum quinque panes dividis,
Edentium sub dentibus
In ore crescebat cibus.

7. Multiplicabatur magis
Dispendio panis suo;
Quis haec videns mirabitur
Iuges meatus fontium?

8. Inter manus frangentium
Panis rigatur profluus,
Intacta, quae non fregerant,
Fragmenta subrepunt viris.

Melodie VIII.

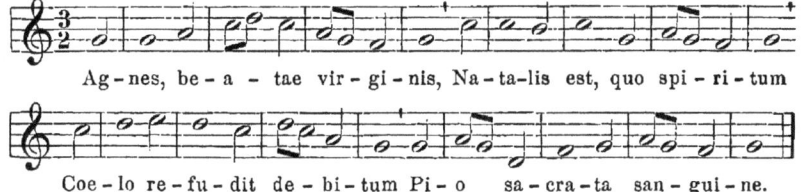

Ag-nes, be-a-tae vir-gi-nis, Na-ta-lis est, quo spi-ri-tum
Coe-lo re-fu-dit de-bi-tum Pi-o sa-cra-ta san-gui-ne.

Hymnus XI.
In sanctae Agnes V. M.

1. Agnes, beatae virginis,
Natalis est, quo spiritum
Coelo refudit debitum
Pio sacrata sanguine.

2. Matura martyrio fuit,
Matura nondum nuptiis;
Nutabat in viris fides,
Cedebat et fessus senex.

3. Metu parentes territi
Claustrum pudoris auxerant,
Solvit fores custodiae
Fides teneri nescia.

4. Prodire quis nuptum putet,
Sic laeta vultu ducitur,
Novas viro ferens opes
Dotata censu sanguinis.

5. Aras nefandi numinis
Adolere taedis cogitur,
Respondet: haud tales faces
Sumpsere Christi virgines.

6. Hic ignis exstinguit fidem,
Haec flamma lumen eripit,
Hic, hic ferite, ut profluo
Cruore restinguam focos.

7. Percussa quam pompam tulit!
Nam veste se totam tegens
Curam pudoris praestitit,
Ne quis retectam cerneret.

8. In morte vivebat pudor,
Vultumque texerat manu,
Terram genu flexo petit
Lapsu verecundo cadens.

Melodie IX.

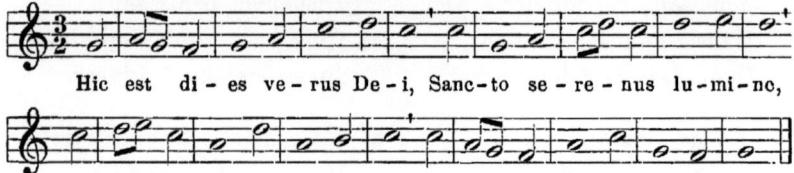

Hic est di-es ve-rus De-i, Sanc-to se-re-nus lu-mi-ne,
Quo di-lu-it san-guis sa-cer Pro-bro-sa mun-di cri-mi-na.

Hymnus XII.
In die Paschae.

1. Hic est dies verus Dei,
Sancto serenus lumine,
Quo diluit sanguis sacer
Probrosa mundi crimina.

2. Fidem refundens perditis
Caecosque visu inluminans;
Quem non gravi solvit metu
Latronis absolutio?

3. Qui praemium mutans cruce
Iesum brevi quaesit fide
Iustusque praevio gradu
Praevenit in regnum Dei.

4. Opus stupent et angeli
Poenam videntes corporis
Christoque adhaerentem reum
Vitam beatam carpere.

5. Mysterium mirabile,
Ut abluat mundi luem,
Peccata tollat omnium
Carnis vitia mundans caro.

6. Quid hoc potest sublimius,
Ut culpa quaerat gratiam,
Metumque solvat caritas,
Reddatque mors vitam novam?

7. Hamum sibi mors devoret
Suisque se nodis liget,
Moriatur vita omnium,
Resurgat vita omnium.

8. Cum mors per omnes transeat,
Omnes resurgant mortui,
Consumpta mors ictu suo
Perisse se solam gemat.

Melodie X.

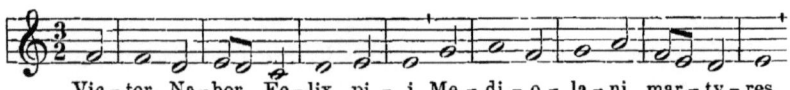

Vic-tor, Na-bor, Fe-lix, pi-i Me-di-o-la-ni mar-ty-res,

Solo hos-pi-tes Mau-ri ge-nus Ter-ris-que nos-tris ad-ve-nae.

Hymnus XIII.
In ss. Victoris, Naboris, Felicis.

1. Victor, Nabor, Felix, pii
   Mediolani martyres,
   Solo hospites, Mauri genus
   Terrisque nostris advenae.

2. Torrens arena quos dedit,
   Anhela solis aestibus,
   Extrema terrae finium
   Exsulque nostri nominis.

3. Suscepit hospites Padus
   Mercede magna sanguinis,
   Sancto replevit Spiritu
   Almae fides ecclesiae.

4. Et se coronavit trium
   Cruore sacro martyrum
   Castrisque raptos impiis
   Christo sacravit milites.

5. Profecit ad fidem labor,
   Armisque docti bellicis
   Pro rege vitam ponere,
   Decere pro Christo pati.

6. Non tela quaerunt ferrea,
   Non arma Christi milites:
   Munitus armis ambulat,
   Veram fidem qui possidet.

7. Scutum viro sua est fides
   Et mors triumphus, quem invidens
   Nobis tyrannus ad oppidum
   Laudense misit martyres.

8. Sed reddiderunt hostias
   Rapti quadrigis corpora,
   Revecti in ora principum
   Plaustri triumphalis modo.

Hymnus XIV.
In Inventione ss. Gervasii et Protasii.
(Melobie X.)

1. Grates tibi, Iesu, novas
   Novi repertor muneris
   Protasio, Gervasio,
   Martyribus inventis cano.

2. Piae latebant hostiae,
   Sed non latebat fons sacer;
   Latere sanguis non potest,
   Qui clamat ad Deum Patrem.

3. Coelo refulgens gratia
   Artus revelavit sacros;
   Nequimus esse martyres,
   Sed invenimus martyres.

4. Hic quis requirat testium
   Voces, ubi factum est fides?
   Sanatus impos mentium
   Opus fatetur martyrum.

5. Caecus recepto lumine
   Mortis sacrae meritum probat,
   Severus est nomen viro,
   Usus minister publici.

6. Ut martyrum vestem attigit
   Et ora tersit nubila,
   Lumen refulsit illico,
   Fugitque pulsa caecitas.

7. Soluta turba vinculis,
   Spiris draconum libera,
   Emissa totis urbibus,
   Domum redit cum gratia.

8. Vetusta saecla vidimus,
   Iactata semicinctia,
   Tactuque et umbra corporum
   Aegris salutem redditam.

Melodie XI.

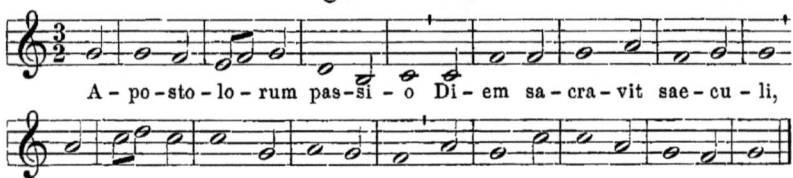

A - po - sto - lo - rum pas - si - o Di - em sa - cra - vit sae - cu - li,
Pe - tri tri - um - phum no - bi - lem, Pau - li co - ro - nam prae - fe - rens.

Hymnus XV.
In ss. Petri et Pauli.

1. Apostolorum passio
   Diem sacravit saeculi,
   Petri triumphum nobilem,
   Pauli coronam praeferens.

2. Coniunxit aequales viros
   Cruor triumphalis necis,
   Deum secutos praesulem
   Christi coronavit fides.

3. Primus Petrus apostolus
   Nec Paulus impar gratia,
   Electionis vas sacrae,
   Petri adaequavit fidem.

4. Verso crucis vestigio
   Simon honorem dans Deo,
   Suspensus ascendit, dati
   Oraculi non immemor.

5. Praecinctus, ut dictum est, senex
   Est elevatus ab altero,
   Quo nollet, ivit, sed volens
   Mortem subegit asperam.

6. Hinc Roma celsum verticem
   Devotionis extulit,
   Fundata tali sanguine
   Et vate tanto nobilis.

7. Tantae per urbis ambitum
   Stipata tendunt agmina,
   Trinis celebratur viis
   Festum sacrorum martyrum

8. Prodire quis mundum putet,
   Concurrere plebem poli;
   Electa gentium caput,
   Sedes magistri gentium.

Hymnus XVI.
In sancti Laurentii.
(Melodie VIII.)

1. Apostolorum supparem,
   Laurentium archidiaconum
   Pari corona martyrum
   Romana sacravit fides.

2. Xystum sequens hic martyrem
   Responsa vatis retulit:
   Moerere, fili, desine,
   Sequeris me post triduum.

3. Nec territus poenae metu
   Haeres futurus sanguinis
   Spectavit obtutu pio,
   Quod ipse mox persolveret.

4. Iam nunc in illo martyre
   Egit triumphum martyris
   Successor aequus, syngraphum
   Vocis tenens et sanguinis.

5. Post triduum iussus tamen
   Census sacratos prodere,
   Spondet pie nec abnuit
   Addens dolum victoriae.

6. Spectaculum pulcherrimum!
   Egena cogit agmina
   Inopesque monstrans praedicat:
   Hi sunt opes ecclesiae.

7. Verae piorum perpetes
   Inopes profecto sunt opes;
   Avarus illusus dolet
   Flammas et ultrices parat.

8. Fugit perustus carnifex
   Suisque cedit ignibus;
   Versate me, martyr vocat,
   Vorate, si coctum est, iubet.

Hymnus XVII.
In Natali martyrum.
(Melodie III.)

1. Aeterna Christi munera
   Et martyrum victorias
   Laudes ferentes debitas
   Laetis canamus mentibus.

2. Ecclesiarum principes,
   Belli triumphales duces,
   Coelestis aulae milites
   Et vera mundi lumina.

3. Terrore victo saeculi
   Poenisque spretis corporis
   Mortis sacrae compendio
   Lucem beatam possident.

4. Traduntur igni martyres
   Et bestiarum dentibus,
   Armata saevit ungulis
   Tortoris insani manus.

5. Nudata pendent viscera,
   Sanguis sacratus funditur,
   Sed permanent immobiles,
   Vitae perennis gratia.

6. Devota sanctorum fides,
   Invicta spes credentium,
   Perfecta Christi caritas
   Mundi triumphat principem.

7. In his paterna gloria,
   In his voluntas Spiritus,
   Exsultat in his Filius,
   Coelum repletur gaudio.

8. Te nunc, redemptor, quae-
      sumus,
   Ut martyrum consortio
   Iungas precantes servulos
   In sempiterna saecula.

Hymnus XVIII.
Hymnus virginitatis.
(Melodie VIII.)

1. Iesu, corona virginum,
   Quem mater illa concipit,
   Quae sola virgo parturit,
   Haec vota clemens accipe.

2. Qui pascis inter lilia
   Septus choreis virginum,
   Sponsus decorus gloria
   Sponsisque reddens praemia.

3. Quocunque tendis, virgines
   Sequuntur atque laudibus
   Post te canentes cursitant
   Hymnosque dulces personant.

4. Te deprecamur, largius
   Nostris adauge mentibus
   Nescire prorsus omnia
   Corruptionis vulnera.

Anmerkungen.

I. 3, 3: erronum chorus, nicht errorum cohors, wie die spätern Ausgaben lesen. Cohors ist handschriftlich ungerechtfertigt; errorum hat zwar schon Vatic. 82; es beweist aber die Parallelstelle Hexaëm. V, 24, 88, daß die Lesart erronum die richtige ist.

4, 3: Ipse petra ecclesia, nicht ipsa petra lesen Vatic. 82 und die besseru mailändischen Codices, sowie noch die Brevierausgaben des 15. Jahrhunderts. In den Ausgaben der Werke Augustins Retract. I, 21 steht freilich ipsa.

5, 4: negantem arguit, Vatic. 82.

7, 1: paventes respice, Vatic. 82 und fast sämtliche mailändische Handschriften; eine einzige C 273 inf. labentes, die Mauriner labantes, welches Biraghi beibehält, weil es besser dem titubantes (Hexaëm. V, 24, 88) entspreche. Dies scheint indes ein schwacher Grund zu sein, um sich von der handschriftlichen Ueberlieferung zu entfernen, und möchte paventes vorzuziehen sein.

7, 3: lapsus cadunt lesen sämtliche Codices der Ambrosiana, lapsos Vatic. 82, labes keine.

II. 1, 4: Diem dierum inluminans, Vatic. Reg. 11 und Vatic. 82.

3, 3: Patrem potentis gratiae, Vatic. Reg. 11 und Vatic. 82. Diese Lesart ist schon der rhetorischen Wiederholung wegen vorzuziehen; Biraghi: Pater potentis gratiae.

8, 1: Viele Codices der Ambrosiana lesen nach Biraghi provehat (Vatic. Reg. 11 und Vatic. 82: provehit), eine Lesart, die vorzuziehen ist, wenn Ambrosius, wie Huemer will, den Reim gesucht hat. Der Sinn steht nicht hindernd im Wege.

III. 2, 3: perstat, nicht praestat zu lesen, wie schon der Sinn, aber auch die Ueberlieferung fordert.

6, 3: partus sacer, nicht sacrum, wie man zuweilen liest.

IV. 1, 2: Unum Patri, nicht unus, wie Vatic. 82 liest und Daniel I, 50 und IV, 43 will. Vgl. De incarnat. I, 7: Non enim quod eiusdem substantiae est *unus*, sed *unum* est.

VII. 1, 4: soporis gratia, Vatic. Reg. 11, Vatic. 82; in den Ausgaben Augustins Conf. IX, 12: sopora gratia, obschon manche Handschriften auch bei Augustin soporis bieten.

3, 3: Voti reos, nicht votis reos, wie die Mauriner lesen. So haben Vatic. Reg. 11 und Vatic. 82. Cfr. Aeneid. V, 237.

7, 3: Nec hostis, Vatic. Reg. 11 und Vatic. 82; bessere Lesart als ne hostis, weil der Hiatus vermieden wird.

VIII. 4, 3: virtute micant, Vatic. Reg. 11 und Vatic. 82.

7, 2: Carnis trophaeo. Hierzu Ballerini: In quadam chartula ms. notavit Biraghius, probabilius non *trophaeo*, sed *strophaeo* legendum esse; i. e. amictu, e graeco, uti habetur in quibusdam mss. mediol. atque analogice vocibus strophium, strophiolum. Gewiß eine gute Conjectur. Leider ist nicht klar, ob die quaedam mss. mediol. so an unserer Stelle lesen oder ob nur anderwärts in ihnen das Wort strophaeum vorkommt. In ersterem Falle wäre die Conjectur unbedenklich anzunehmen, im andern nicht. Denn das Wort strophaeum kommt zwar mittelalterlich vor, nicht aber in der frühern Latinität; das griechische τὸ στροφεῖον und στροφαῖος haben nicht ganz die Bedeutung, die hier am Platze ist; die handschriftliche Ueberlieferung wäre dagegen, und trophaeum, namentlich im Munde des Ambrosius, doch nicht überraschend. Wenn er die Marterwerkzeuge Trophäen der Martyrer, das Kreuz den Triumph Christi nennt (celso triumphi vertice), kann er auch die menschliche Natur, durch die das Verbum leidensfähig wird, die ein Marterwerkzeug für Christus ist, durch die er seinen Sieg erringt, trophaeum nennen.

IX. 2, 3: nutat salo. Die Handschriften: natat salo; so Vatic. 82; mit Recht verbessert Biraghi nutat nach De virginit. 20.

3, 4: levavit omnium: so die bessern Handschriften, auch Vatic. 82; andere fälschlich hominum.

X. 1, 1: altissimus, nicht altissime.

2, 4: Praesentem sacraris diem, Vatic. Reg. 11.

3, 2: signaverit, nicht signaveris, wie auch Mone I, 75 richtig bemerkt, obschon letzteres Ambros. T 103 sup., Vatic. 82, Ambros. I, 27 sup. bieten.

3, 4: duxeris, nicht duxerit, Ambros. T 103 sup.; I, 27 sup. Es ist ein Irrthum, wenn Biraghi S. 56 behauptet, Vatic. Reg. 11 lese duxeris; er hat deutlich duxerit, ebenso Vatic. 82.

4, 1: plenis aquae, nicht aqua, beide Codd. Vatic.

5, 3: Mutata elementa stupet lesen die Handschriften, viele noch dabei stupent; Biraghi stellt, wie schon Mone gethan, elementa voraus.

6, 2: dividunt, Vatic. 82; dividis, Vatic. Reg. 11, Ambros. T 103 sup.

XI. 4, 3: viro, nicht vero, wie einige Handschriften, auch Vatic. 82, lesen und dadurch Mone zu der Umstellung Vero novas etc. verleiten.

7, 2: tegens, Ambros. T 103 sup., Vatic. 82; tegit, Ambros. I 27 sup., I 55 sup.

XII. 3, 1: praemio mutans crucem, Vatic. Reg. 11.

3, 3: Iustusque, Vatic. Reg. 11 und Vatic. 82; wenn einzelne Handschriften iustos lesen, so ist dies nur als der häufige Schreibfehler os für us zu fassen.

XIII. 7, 1: viro sua est fides, nicht vero, wie wieder manche Handschriften lesen, weil sie die alte Abkürzung v̄o unrichtig auflösen.

8, 2: Rapti quadrigis; einige Handschriften lesen unrichtig raptis.

XIV. 8, 3: Tactuque et umbra; das que fehlt in einzelnen Handschriften.

XV. 1, 2: sacravit saeculi, nicht saeculis, wie einige Codices lesen. So *Cyprianus*, De orat. dom. 35: Sole ac die saeculi recedente etc.

4, 1: Die Correctur Mones Crucis fastigio ist unberechtigt. Vgl. das S. 75 Gesagte.

4, 4: Non immemor oraculi lesen alle Handschriften, voran Vatic. 82. Biraghi stellt die Worte um, wodurch eine Längung durch Arsis vermieden, aber ein gleicher Auslaut geopfert wird.

XVI. 4, 3: syngraphum; einige Handschriften lesen syngrapham. De Poenitentia II, 9, 80 liest syngraphum (syngrapho).

7, 1: Verae liest Biraghi nach einigen Handschriften der Ambrosiana; die Parallelstelle De offic. minist. II, 28: Et vere thesauri etc., legt vere näher.

XVII. 3, 4: Lucem beatam, nicht vitam, wie die Mauriner lesen, haben die meisten mailändischen Handschriften und die ältern Drucke des Breviers.

Register.

Abiascha 25.
Abraham 61. 100.
Adam 106.
Adam von St. Victor 3.
Ad coenam agni providi 19.
Aeterna Christi munera 8. 19. 20. 21. 22. 23. 24. 26. 31. 42. 62. 78. 86. 87. 115. 117. 139.
Aeterna coeli gloria 114.
Aeternae lucis conditor 18.
Aeterne rerum conditor 8 19. 20. 23. 24. 25 31. 33. 59. 62. 68. 90. 110. 111. 129.
Afrika 103.
Agatha 58.
Agathae, sacrae virginis 19. 20. 21. 22. 23.
Agnes 20. 69.
Agnes, beatae virginis 8. 18. 20. 21. 22. 23. 24. 26. 69. 122. 135.
Agricola 79.
Albinus 102.
Aldebert 17.
Ales diei nuntius 114.
Almi prophetae progenies pia 19. 20. 21. 22. 23. 25. 26. 59.
Alypius 102.
Ambitus 126.
Ambros 92. 102.
Ambrosia 6.
Ambrosiana Basilica 109. 113. 124. 125.
Ambrosianus 6. 31. 43.
Ambrosius 1. 2. 3. 4. 5. 6. 7. 8. 9. 10. 11. 12. 13. 14 ꝛc. ꝛc.
Amelli 82.
Amore Christi nobilis 8. 18. 19. 20. 21. 22. 23. 24. 26. 64. 120. 134.
Andreas 58.
Antiphona, Antiphonie 96.
Apollinaris martyris 20.
Apollo 128.
Apostolorum passio 8. 19. 20. 21. 22. 23. 25. 26. 74. 125. 127. 138.
Apostolorum supparem 8. 19. 20. 21. 22 23. 24. 25. 26. 76. 122. 125. 139.

Arator 5.
Aristoxenus 101.
Arius 65.
A solis ortus cardine 31.
Athanasius 97.
Athen 110.
Augustin 4. 12. 14. 15. 32. 33. 34. 43. 88. 89. 91. 95. 96. 97. 98. 101. 102. 103. 104. 105. 106. 128.
Aurelian von Arles 18. 29. 42. 57. 70.
Aurelius von Réaumé 90.
Aurora iam spargit polum 114.
Ausonius 2.
Auxentius 4. 28. 95.

Bähr 2. 10. 13.
Ballerini 4. 7. 9. 28. 29. 141.
Barnabas 94
Basilius 101.
Beda 7. 27. 31. 33. 36. 42. 44. 56.
Bellator armis inclitus 9. 20. 21. 22. 23. 24. 25. 26. 57.
Benedikt 6.
Bernhard von Clairvaux 3.
Bethphanie 37. 38.
Biraghi 8. 9. 10. 11. 13. 14. 15. 17. 18. 19. 22. 27. 28. 29. 30. 31. 33. 41. 46. 47. 49. 55. 56. 57. 59. 70. 71. 72. 74. 75. 76. 78. 79. 80. 83. 140. 141. 142.
Bis ternas horas explicans 20. 42.
Böhmen 109.
Böhringer 50.
Boëtius 101.
Bollandisten 73.
Bologna 79.
Borromeo, Friedrich 108. 110.
Brippium 22.
Brivio 22.
Byzanz 90.

Cäsarius von Arles 29.
Callistus 76.
Canonici cantores 99.
Canonici psaltae 99.

144 Register.

Cantus planus 110.
Carthusia Waldicensis 119.
Cassago 32.
Cassander 7.
Cassiacum 32.
Cassiodorius 5. 7. 26. 27. 35. 36. 40. 42. 67. 101. 102.
Catullus 47.
Centula 6.
Cernusco 22.
Certum tenentes ordinem 18.
Christe, coelorum conditor 20.
Christe, cunctorum dominator 19. 20. 21. 22. 23. 25. 26. 59.
Christe, qui lux es et dies 20. 21. 23. 24. 25. 56.
Christe, rex coeli 18.
Christus 2. 52. 53. 61. 62. 63. 64. 75. 80. 100. 106.
Chroma 100. 101.
Chromatik 91. 99.
Chrysologus, Petrus 38. 39. 78.
Chrysostomus, Johannes 57.
Cisnusculum 22.
Cistercienser 109. 112. 124. 126.
Clairvaur 109.
Claubianus 2.
Clemens von Alexandrien 101. 127.
Clichtovāus 7.
Cölestinus 7. 34. 96.
Colbingham 118
Commune virginum 80.
Complet 56. 84.
Consors paterni luminis 8.
Corbie 36.
Cyprianus 57. 70. 85.

Damasus 70. 76.
Daniel 6. 7. 17. 20. 36. 39. 41. 42. 48. 55. 73. 141.
David 64.
Delitzsch 100.
De Rossi 17.
Deus aeterni luminis 17. 18.
Deus, creator omnium 8. 9. 18. 19. 20. 21. 22. 23. 24. 25. 31. 32. 44. 62. 90. 119. 120. 132.
Deus, qui certis legibus 18.
Deus, tuorum militum 19. 20. 21. 23. 24. 26.
Dicamus laudes Domino 18.
Diei luce reddita 18.
Dionysius 107.
Dionysius Carthusianus 7.
Dionysius von Mailand 56 57. 58.
Dommer, Arrey von 92. 97.
Dorologie 59.
Duchesne, L. 16. 76 96.

Ebert 1. 11. 12. 13. 18. 29. 37. 44. 45. 47. 55.
Enharmonik 91. 99. 100.

Ennius 47.
Ennodius 5. 43. 44. 54. 55. 56. 57. 58. 70. 72. 75. 85. 86.
Epinal 82.
Epiphanie 37. 38. 41. 56.
Eusebius von Vercelli 57.
Eva 106
Erorcisten 99.

Fabricius, Georg 7.
Facunbus von Hermiana 35.
Faustus von Riez 34.
Felix 72. 87. 109. 124.
Ferrandus Diaconus 30.
Feßler 7.
Fétis 91. 92.
Fit porta Christi pervia 8. 45.
Fleckeisen 12.
Förster 50.
Fulgentius auctor aetheris 18.
Fulgentius von Ruspe 30. 60.

Gallien 103.
Gamurrini 1.
Gaubentius 102.
Gennabius 82.
Georg 58.
Gerbert 100. 103.
Gervasius 72. 73. 74. 79. 86. 87. 124.
Gesta sanctorum martyrum 19. 20. 21. 22. 23. 24. 26. 58.
Gevaert 94. 96. 104. 128.
Gillot 7.
Grates tibi, Iesu, novas 8. 9. 12. 19. 20. 21. 22. 23. 24. 26. 72. 124. 125. 137.
Gratius 47.
Gregor der Große 14. 89. 94. 99.
Griechenland 88. 89.
Grimm, Jakob 10. 11.
Gülbencron 117.
Guido von Arezzo 89. 91.

Harmonides 128.
Hauréau 3.
Hebräer 102.
Heiligenkreuz 109. 110. 112. 116.
Hellenen 102.
Hermesdorff 98. 99. 101.
Hermiana 35.
Herr Gott, dich loben wir 107.
Herzog 10. 100.
Hic est dies verus Dei 8. 18. 19. 20. 21. 22. 23. 24. 26. 53. 57. 70. 123. 136.
Hieronymus 1. 71.
Hilarion 57.
Hilarius 1. 37. 44. 57.
Hildemar 6. 83.
Hinkmar 7. 27. 36. 84.
Hohenfurt 116.
Horatius 29.

Register.

Huemer 7. 10. 11. 12. 13. 44. 47. 48. 141.
Hymnum dicamus Domino 19. 20. 21. 22. 23. 24. 26. 56.
Hymnus virginitatis 81.

Iam Christus astra ascenderat 19. 20. 21. 22. 23. 24. 26. 56.
Iam lucis orto sidere 20. 21. 23. 24. 25. 56.
Iam sexta sensim volvitur 18.
Iam surgit hora tertia 8. 18. 20. 21. 24. 25. 30. 31. 33. **62. 115. 117. 131.**
Jerusalem 66.
Iesu, corona celsior 19. 20. 21. 22. 23. 24. 26.
Iesu, corona virginum 9. 19. 20. 21. 23. 24. 26. 59. **80. 122. 140.**
Ignatius 99.
Ihm 12. 13. 82.
Ildephons 7. 27. 85.
Illuminans altissimus 8. 18. 19. 20. 21. 22. 23. 24. 26. 36. 38. 39. 40. 41. **121. 134.**
Illuxit orbi iam dies 40. 41.
Intende, qui regis Israel 8. 18. 19. 20. 21. 22. 23. 24. 26. 33. **63. 115.** 116. 117. **133.**
Johannes 52. 64. 66. 86. 87.
Johannes der Täufer 59.
Isidor von Sevilla 1. 6. 54. 101.
Italien 88. 89. 103.
Jubilationen 104.
Julian, J. 13. 29. 60.
Jungmann, B. 7.
Jupiter 128.
Justina 95. 128.

Kalliope 107.
Kana 39. 41. 68.
Kanonik 99.
Karl der Große 16.
Kayser 11. 37. 41.
Koch 101.
Köstlin 91. 92.
Komm, Gott, Schöpfer 107.
Kraus 28. 37. 56. 98.
Krauße 101. 102.
Kremsmünster 121. 122.
Krieger 104.
Kümmerle 93.
Kybele 128.

Labbe 18. 34.
Laodicea 100.
Lasaulr, E. von 128.
Laurentius 75. 76. 77. 78. 86. 87.
Laurentius von Mailand 55.
Lectoren 99.
Leporius 34.
Liberius 81.
London 118.
Lucanus 48.

Lucian 128.
Lucifer von Cagliari 58.

Magna et mirabilia 18.
Magni palmam certaminis 19. 20. 21. 22. 23. 24. 25. 26. 58.
Magnum salutis gaudium 19. 21. 22. 23. 24. 26. 56.
Mailand 16. 27. 55. 91. 93. 96. 109. 112. 114. 127.
Makkabäer 100.
Manitius 12.
Marcellina 69. 81.
Maria 52. 63.
Martin von Tours 56. 57.
Martini 100.
Mauriner 7. 9. 13. 15. 26. 31. 33. 34. 35. 40. 41. 45. 63. 81. 140. 141. 142.
Maximus von Turin 38. 39. 41. 71. 76.
Mearns, J. 56. 60.
Mediae noctis tempus est 18.
Michael 58.
Minerva 128.
Miraculum laudabile 18. 19. 20. 21. 22. 23. 24. 26. 57.
Mone 7. 40. 41. 47. 53. 54. 69. 70. 72. Monika 128.   [73. 74. 141.
Monza 109. 121.
Morin, G. 104.
Mysteriorum signifer 19. 20. 21. 22. 23. 24. 25. 26. 58.
Mysterium ecclesiae 19. 20. 21. 22. 23. 26. 58.

Naaman 83.
Nabor 72. 87. 109. 124.
Nazarius 56. 58.
Neapel 114.
Nestorius 34.
Nevers 114. 115. 116. 118. 120.
Nicetas 81. 82. 83.
Non 59. 84.
Notker Balbulus 16.
Nox et tenebrae et nubila 114.
Nunc Marcellinae virginis 24.
Nunc sancte nobis Spiritus 8. 20. 21. 23. 24. 25. 29. 84 **117.** 118. 119. **131.**
Nun komm, der Heiden Heiland 107. 117.

Obduxere polum 19. 21. 27.
Odo von Clugny 90.
Oesterreich 109.
O lux, beata Trinitas 8. 90.
Optatus votis omnium 20. 21. 22. 23. 24. 26. 56.
Orabo mente Dominum 8.
Ostiarier 99.
Ovid 45.

Palanka 82.
Palmsonntag 56.

Pantheon 128.
Paris 114.
Parthenius 5.
Paul, D. 102.
Paulinus Diaconus 95. 96.
Paulinus von Nola 39.
Paulus 76.
Pavia 5.
Pelagia 69.
Perfectum trinum numerum 18.
Perugia 125.
Petrus 74. 75. 76. 87.
Petrus Chrysologus 38. 39. 78.
Phagiphanie 37. 38. 68.
Photinus 66.
Piccaleus, Joh. B. 108.
Pontida 7. 20. 25.
Pontius, Pacificus 108
Porta trigemina 76.
Post Petrum, primum principem 19. 20. 21. 22. 23. 24. 25. 26. 58. 126.
Prag 117.
Prim 56. 94.
Protasius 72. 73. 74. 79. 86. 124.
Prudentius 40. 46. 70. 75. 76.
Psaltes 100.

Rabbertus, Pasch 36.
Rabulphus von Tongern 78.
Rector potens, verax Deus 9. 20. 21. 22. 24. 25. 84. **132.**
Regi polorum debitas 19. 20. 21. 22. 23. 24. 26. 57.
Remesiana 82.
Rerum, Deus, tenax vigor 9. 20. 21. 22. 24. 25. 84. **132.**
Responsorium 96.
Rex aeterne Domine 18.
Richarius 6.
Riemann 88. 91. 92. 103.
Riez 34.
Robinson Tharnton 13.
Rom 34. 75. 93. 96. 128.

Sabellius 65
Sacratum hoc templum Dei 20. 21.
Sacri triumphale tui 19. 20. 21. 22. 23. 24. 25. 26. 58.
Saevus bella serit 21.
St. Florian 110. 114. 120.
St. Gallen 89.
Sator princepsque temporum 18.
Satyrus, Uranius 71. 78.
Schletterer 107.
Schubiger 28.
Sedulius 40. 41.
Seitenstetten 122.
Serbien 82.
Severus 73.
Sert 59. 84.

Simplicianus 57.
Sixtus 58. 77.
Socrates 100.
Somno refectis artubus 8.
Sophia 128.
Sozomenus 100
Splendor paternae gloriae 8. 18. 19. 20. 21. 23. 24. 25. 30. 31. **60.** 63. 90. **112.** 113. 114. 115. **130.**
Squalent arva soli 19. 21. 27.
Stephani, primi martyris 18. 19. 21. 22. 23. 24. 25. 58.
Stephanus 56. 58.
Summi vatis praeconium 19. 20. 21. 22. 23. 24. 25. 26.
Susanna 81.
Syagrius 69.
Symmachus 128.

Te decet laus 6.
Te Deum laudamus 17. 29.
Te lucis ante terminum 20. 21. 23. 24. 25.
Ter hora trina volvitur 18. 20.
Terz 59. 62. 84. 86.
Thierfelder 102. 103.
Thomasius 7. 17. 18. 41. 42. 74.
Tibull 47.
Toledo 54.
Tommasi, siehe Thomasius.
Trench, R. Ch. 2. 3. 12.
Tristes nunc populi 21. 27.
Trivulziana 109. 110.
Tyrtäus 99.

Urban VIII. 83.
Ut queant laxis 19.

Valentinian 95.
Val Travaglia 19.
Veni, Creator Spiritus 123. 128.
Veni, redemptor gentium 8. 90.
Via Appia 76.
Via Aurelia 76.
Via Ostiensis 76.
Via triumphalis 76.
Victor 56. 86. 87. 109. 124.
Victor, Nabor, Felix, pii 8. 9. 19. 20. 21. 22. 23. 24. 26. **72. 137.**
Vigilien 83. 96.
Virgil 45. 47. 48. 72.
Vitalis 79.

Walafried Strabo 5. 6. 7.
Waldic (Waldicensis Carthusia) 119.
Westphal 107.
Wilpert 81.
Wordsworth 29.

Xystus, siehe Sirtus.

Zonaras 100.